心一堂術數古籍珍本叢刊

書名：定命錄
系列：心一堂術數古籍珍本叢刊　星命類　第二輯　133
作者：【民國】張一蟠
主編、責任編輯：陳劍聰
心一堂術數古籍珍本叢刊編校小組：陳劍聰　素聞　梁松盛　鄒偉才　虛白盧主

出版：心一堂有限公司
通訊地址：香港九龍旺角彌敦道六一〇號荷李活商業中心十八樓〇五一〇六室
深港讀者服務中心·中國深圳市羅湖區立新路六號羅湖商業大廈負一層〇〇八室
電話號碼：(852)67150840
網址：publish.sunyata.cc
電郵：sunyatabook@gmail.com
網店：http://book.sunyata.cc
淘寶店地址：https://shop210782774.taobao.com
微店地址：https://weidian.com/s/1212826297
臉書：https://www.facebook.com/sunyatabook
讀者論壇：http://bbs.sunyata.cc/

版次：二零一六年三月初版
平裝

港幣　二百二十元正
定價：人民幣　二百二十元正
新台幣　九百八十元正

國際書號：ISBN 978-988-8317-15-8

香港發行：香港聯合書刊物流有限公司
地址：香港新界大埔汀麗路36號中華商務印刷大廈3樓
電話號碼：(852)2150-2100
傳真號碼：(852)2407-3062
電郵：info@suplogistics.com.hk

台灣發行：秀威資訊科技股份有限公司
地址：台灣台北市內湖區瑞光路七十六巷六十五號一樓
電話號碼：+886-2-2796-3638
傳真號碼：+886-2-2796-1377
網絡書店：www.bodbooks.com.tw
台灣國家書店讀者服務中心：
地址：台灣台北市中山區松江路二〇九號一樓
電話號碼：+886-2-2518-0207
傳真號碼：+886-2-2518-0778
網絡書店：http://www.govbooks.com.tw

中國大陸發行　零售：深圳心一堂文化傳播有限公司
深圳地址：深圳市羅湖區立新路六號羅湖商業大廈負一層〇〇八室
電話號碼：(86)0755-82224934

心一堂微店二維碼

心一堂淘寶店二維碼

心一堂術數古籍珍本叢刊 / 整理叢刊 總序

術數定義

術數，大概可謂以「推算（推演）、預測人（個人、群體、國家等）、事、物、自然現象、時間、空間方位等規律及氣數，並或通過種種『方術』，從而達致趨吉避凶或某種特定目的」之知識體系和方法。

術數類別

我國術數的內容類別，歷代不盡相同，例如《漢書・藝文志》中載，漢代術數有六類：天文、曆譜、五行、蓍龜、雜占、形法。至清代《四庫全書》，術數類則有：數學、占候、相宅相墓、占卜、命書、相書、陰陽五行、雜技術等，其他如《後漢書・方術部》、《藝文類聚・方術部》、《太平御覽・方術部》等，對於術數的分類，皆有差異。古代多把天文、曆譜、及部分數學均歸入術數類，而民間流行亦視傳統醫學作為術數的一環；此外，有些術數與宗教中的方術亦往往難以分開。現代民間則常將各種術數歸納為五大類別：命、卜、相、醫、山，通稱「五術」。

本叢刊在《四庫全書》的分類基礎上，將術數分為九大類別：占筮、星命、相術、堪輿、選擇、三式、讖諱、理數（陰陽五行）、雜術（其他）。而未收天文、曆譜、算術、宗教方術、醫學。

術數思想與發展——從術到學，乃至合道

我國術數是由上古的占星、卜筮、形法等術發展下來的。其中卜筮之術，是歷經夏商周三代而通過「龜卜、蓍筮」得出卜（筮）辭的一種預測（吉凶成敗）術，之後歸納並結集成書，此即現傳之《易

經》。經過春秋戰國至秦漢之際，受到當時諸子百家的影響、儒家的推崇，遂有《易傳》等的出現，原本是卜筮術書的《易經》，被提升及解讀成有包涵「天地之道（理）」之學。因此，《易．繫辭傳》曰：「易與天地準，故能彌綸天地之道。」

漢代以後，易學中的陰陽學說，與五行、九宮、干支、氣運、災變、律曆、卦氣、讖緯、天人感應說等相結合，形成易學中象數系統。而其他原與《易經》本來沒有關係的術數，如占星、形法、選擇，亦漸漸以易理（象數學說）為依歸。《四庫全書．易類小序》云：「術數之興，多在秦漢以後。要其旨，不出乎陰陽五行，生尅制化。實皆《易》之支派，傳以雜說耳。」至此，術數可謂已由「術」發展成「學」。

及至宋代，術數理論與理學中的河圖洛書、太極圖、邵雍先天之學及皇極經世等學說給合，通過術數以演繹理學中「天地中有一太極，萬物中各有一太極」（《朱子語類》）的思想。術數理論不單已發展至十分成熟，而且也從其學理中衍生一些新的方法或理論，如《梅花易數》、《河洛理數》等。

在傳統上，術數功能往往不止於僅僅作為趨吉避凶的方術，及「能彌綸天地之道」的學問，亦有其「修心養性」的功能，「與道合一」（修道）的內涵。《素問．上古天真論》：「上古之人，其知道者，法於陰陽，和於術數。」數之意義，不單是外在的算數、歷數、氣數，而是與理學中同等的「道」、「理」--心性的功能，北宋理氣家邵雍對此多有發揮：「聖人之心，是亦數也」、「萬化萬事生乎心」、「心為太極」。《觀物外篇》：「先天之學，心法也。……蓋天地萬物之理，盡在其中矣，心一而不分，則能應萬物。」反過來說，宋代的術數理論，受到當時理學、佛道及宋易影響，認為心性本質上是等同天地之太極。天地萬物氣數規律，能通過內觀自心而有所感知，即是內心也已具備有術數的推演及預測、感知能力；相傳是邵雍所創之《梅花易數》，便是在這樣的背景下誕生。

《易．文言傳》已有「積善之家，必有餘慶；積不善之家，必有餘殃」之說，至漢代流行的災變說及讖緯說，我國數千年來都認為天災，異常天象（自然現象），皆與一國或一地的施政者失德有關；下至家族、個人之盛衰，也都與一族一人之德行修養有關。因此，我國術數中除了吉凶盛衰理數之外，人心的德行修養，也是趨吉避凶的一個關鍵因素。

術數與宗教、修道

在這種思想之下，我國術數不單只是附屬於巫術或宗教行為的方術，又往往是一種宗教的修煉手段--通過術數，以知陰陽，乃至合陰陽（道）。「其知道者，法於陰陽，和於術數。」例如，「奇門遁甲」術中，即分為「術奇門」與「法奇門」兩大類。「法奇門」中有大量道教中符籙、手印、存想、內煉的內容，是道教內丹外法的一種重要外法修煉體系。甚至在雷法一系的修煉上，亦大量應用了術數內容。此外，相術、堪輿術中也有修煉望氣（氣的形狀、顏色）的方法；堪輿家除了選擇陰陽宅之吉凶外，也有道教中選擇適合修道環境（法、財、侶、地中的地）的方法，以至通過堪輿術觀察天地山川陰陽之氣，亦成為領悟陰陽金丹大道的一途。

易學體系以外的術數與的少數民族的術數

我國術數中，也有不用或不全用易理作為其理論依據的，如揚雄的《太玄》、司馬光的《潛虛》。也有一些占卜法、雜術不屬於《易經》系統，不過對後世影響較少而已。

外來宗教及少數民族中也有不少雖受漢文化影響（如陰陽、五行、二十八宿等學說。）但仍自成系統的術數，如古代的西夏、突厥、吐魯番等占卜及星占術，藏族中有多種藏傳佛教占卜術、苯教占卜術、擇吉術、推命術、相術等；北方少數民族有薩滿教占卜術；不少少數民族如水族、白族、布朗族、佤族、彝族、苗族等，皆有占雞（卦）草卜、雞蛋卜等術，納西族的占星術、占卜術，彝族畢摩的推命術、占卜術……等等，都是屬於《易經》體系以外的術數。相對上，外國傳入的術數以及其理論，對我國術數影響更大。

曆法、推步術與外來術數的影響

我國的術數與曆法的關係非常緊密。早期的術數中，很多是利用星宿或星宿組合的位置（如某星在某州或某宮某度）付予某種吉凶意義，并據之以推演，例如歲星（木星）、月將（某月太陽所躔之宮次）等。不過，由於不同的古代曆法推步的誤差及歲差的問題，若干年後，其術數所用之星辰的位置，已與真實星辰的位置不一樣了；此如歲星（木星），早期的曆法及術數以十二年為一周期（以應地支），與木星真實周期十一點八六年，每幾十年便錯一宮。後來術家又設一「太歲」的假想星體來解決，是歲星運行的相反，週期亦剛好是十二年。而術數中的神煞，很多即是根據太歲的位置而定。又如六壬術中的「月將」，原是立春節氣後太陽躔娵訾之次而稱作「登明亥將」，至宋代，因歲差的關係，要到雨水節氣後太陽才躔娵訾之次，當時沈括提出了修正，但明清時六壬術中「月將」仍然沿用宋代沈括修正的起法沒有再修正。

由於以真實星象周期的推步術是非常繁複，而且古代星象推步術本身亦有不少誤差，大多數術數除依曆書保留了太陽（節氣）、太陰（月相）的簡單宮次計算外，漸漸形成根據干支、日月等的各自起例，以起出其他具有不同含義的眾多假想星象及神煞系統。唐宋以後，我國絕大部分術數都主要沿用這一系統，也出現了不少完全脫離真實星象的術數，如《子平術》、《紫微斗數》、《鐵版神數》等。後來就連一些利用真實星辰位置的術數，如《七政四餘術》及選擇法中的《天星選擇》，也已與假想星象及神煞混合而使用了。

隨着古代外國曆（推步）、術數的傳入，如唐代傳入的印度曆法及術數，元代傳入的回回曆等，其中我國占星術便吸收了印度占星術中羅睺星、計都星等而形成四餘星，又通過阿拉伯占星術而吸收了其中來自希臘、巴比倫占星術的黃道十二宮、四大（四元素）學說（地、水、火、風），並與我國傳統的二十八宿、五行說、神煞系統並存而形成《七政四餘術》。此外，一些術數中的北斗星名，不用我國傳統的星名：天樞、天璇、天璣、天權、玉衡、開陽、搖光，而是使用來自印度梵文所譯的：貪狼、巨門、祿存、文曲，廉貞、武曲、破軍等，此明顯是受到唐代從印度傳入的曆法及占星術所影響。如星命術中的《紫微斗數》及堪輿術中的《撼龍經》等文獻中，其星皆用印度譯名。及至清初《時憲曆》，置閏之法則改用西法「定氣」。清代以後的術數，又作過不少的調整。

此外，我國相術中的面相術、手相術，唐宋之際受印度相術影響頗大，至民國初年，又通過翻譯歐西、日本的相術書籍而大量吸收歐西相術的內容，形成了現代我國坊間流行的新式相術。

陰陽學——術數在古代、官方管理及外國的影響

術數在古代社會中一直扮演着一個非常重要的角色，影響層面不單只是某一階層、某一職業、某一年齡的人，而是上自帝王，下至普通百姓，從出生到死亡，不論是生活上的小事如洗髮、出行等，大事如建房、入伙、出兵等，從個人、家族以至國家，從天文、氣象、地理到人事、軍事，從民俗、學術到宗教，都離不開術數的應用。我國最晚在唐代開始，已把以上術數之學，稱作陰陽（學），行術數者稱陰陽人。（敦煌文書、斯四三二七唐《師師漫語話》：「以下說陰陽人謾語話」，此說法後來傳入日本，今日本人稱行術數者為「陰陽師」）。一直到了清末，欽天監中負責陰陽術數的官員中，以及民間術數之士，仍名陰陽生。

古代政府的中欽天監（司天監），除了負責天文、曆法、輿地之外，亦精通其他如星占、選擇、堪輿等術數，除在皇室人員及朝庭中應用外，也定期頒行日書、修定術數，使民間對於天文、日曆用事吉凶及使用其他術數時，有所依從。

我國古代政府對官方及民間陰陽學及陰陽官員，從其內容、人員的選拔、培訓、認證、考核、律法監管等，都有制度。至明清兩代，其制度更為完善、嚴格。

宋代官學之中，課程中已有陰陽學及其考試的內容。（宋徽宗崇寧三年〔一一零四年〕崇寧算學令：「諸學生習……並曆算、三式、天文書。」「諸試……三式即射覆及預占三日陰陽風雨。天文即預

定一月或一季分野災祥，並以依經備草合問為通。」

金代司天臺，從民間「草澤人」（即民間習術數人士）考試選拔：「其試之制，以《宣明曆》試推步，及《婚書》、《地理新書》試合婚、安葬，並《易》筮法，六壬課、三命、五星之術。」（《金史》卷五十一・志第三十二・選舉一）

元代為進一步加強官方陰陽學對民間的影響、管理、控制及培育，除沿襲宋代、金代在司天監掌管陰陽學及中央的官學陰陽學課程之外，更在地方上增設陰陽學課程（《元史・選舉志一》：「世祖至元二十八年夏六月始置諸路陰陽學。」）地方上也設陰陽學教授員，培育及管轄地方陰陽人。（《元史・選舉志一》：「（元仁宗）延祐初，令陰陽人依儒醫例，於路、府、州設教授員，凡陰陽人皆管轄之，而上屬於太史焉。」）自此，民間的陰陽術士（陰陽人），被納入官方的管轄之下。

至明清兩代，陰陽學制度更為完善。中央欽天監掌管陰陽學，明代地方縣設陰陽學正術，各州設陰陽學典術，各縣設陰陽學訓術。陰陽人從地方陰陽學肆業或被選拔出來後，再送到欽天監考試。（《大明會典》卷二二三：「凡天下府州縣舉到陰陽人堪任正術等官者，俱從吏部送（欽天監），考中，送回選用；不中者發回原籍為民，原保官吏治罪。」）清代大致沿用明制，凡陰陽術數之流，悉歸中央欽天監及地方陰陽官員管理、培訓、認證。至今尚有「紹興府陰陽印」、「東光縣陰陽學記」等明代銅印，及某某縣某某之清代陰陽執照等傳世。

清代欽天監漏刻科對官員要求甚為嚴格。《大清會典》「國子監」規定：「凡算學之教，設肄業生。滿洲十有二人，蒙古、漢軍各六人，於各旗官學內考取。漢十有二人，於舉人、貢監生童內考取。附學生二十四人，由欽天監選送。教以天文演算法諸書，五年學業有成，舉人引見以欽天監博士用，貢監生童以天文生補用。」學生在官學肄業、貢監生肄業或考得舉人後，經過了五年對天文、算法、陰陽學的學習，其中精通陰陽術數者，會送往漏刻科。而在欽天監供職的官員，《大清會典則例》「欽天監」規定：「本監官生三年考核一次，術業精通者，保題升用。不及者，停其升轉，再加學習。如能黽勉供職，即予開復。仍不及者，降職一等，再令學習三年，能習熟者，准予開復，仍不能者，黜退。」除定期考核以定其升用降職外，《大清律例》中對陰陽術士不準確的推斷（妄言禍福）是要治罪的。《大清律例・一七八・術七・妄言禍福》：「凡陰陽術士，不許於大小文武官員之家妄言禍福，違者杖一百。其依經推算星命卜課，不在禁限。」大小文武官員延請的陰陽術士，自然是以欽天監漏刻科官員或地方陰陽官員為主。

官方陰陽學制度也影響鄰國如朝鮮、日本、越南等地，一直到了民國時期，鄰國仍然沿用着我國的多種術數。而我國的漢族術數，在古代甚至影響遍及西夏、突厥、吐蕃、阿拉伯、印度、東南亞諸國。

術數研究

術數在我國古代社會雖然影響深遠，「是傳統中國理念中的一門科學，從傳統的陰陽、五行、九宮、八卦、河圖、洛書等觀念作大自然的研究。……傳統中國的天文學、數學、煉丹術等，要到上世紀中葉始受世界學者肯定。可是，術數還未受到應得的注意。術數在傳統中國科技史、思想史，文化史、社會史，甚至軍事史都有一定的影響。……更進一步了解術數，我們將更能了解中國歷史的全貌。」（何丙郁《術數、天文與醫學中國科技史的新視野》，香港城市大學中國文化中心。）

可是術數至今一直不受正統學界所重視，加上術家藏秘自珍，又揚言天機不可洩漏，「（術數）乃吾國科學與哲學融貫而成一種學說，數千年來傳衍嬗變，或隱或現，全賴一二有心人為之繼續維繫，賴以不絕，其中確有學術上研究之價值，非徒癡人說夢，荒誕不經之謂也。其所以至今不能在科學中成立一種地位者，實有數因。蓋古代士大夫階級目醫卜星相為九流之學，多恥道之；而發明諸大師又故為惝恍迷離之辭，以待後人探索；間有一二賢者有所發明，亦秘莫如深，既恐洩天地之秘，復恐譏為旁門左道，始終不肯公開研究，成立一有系統說明之書籍，貽之後世。故居今日而欲研究此種學術，實一極困難之事。」（民國徐樂吾《子平真詮評註》，方重審序）

現存的術數古籍，除極少數是唐、宋、元的版本外，絕大多數是明、清兩代的版本。其內容也主要是明、清兩代流行的術數，唐宋或以前的術數及其書籍，大部分均已失傳，只能從史料記載、出土文獻、敦煌遺書中稍窺一鱗半爪。

術數版本

坊間術數古籍版本，大多是晚清書坊之翻刻本及民國書賈之重排本，其中豕亥魚魯，或任意增刪，往往文意全非，以至不能卒讀。現今不論是術數愛好者，還是民俗、史學、社會、文化、版本等學術研究者，要想得一常見術數書籍的善本、原版，已經非常困難，更遑論如稿本、鈔本、孤本等珍稀版本。在文獻不足及缺乏善本的情況下，要想對術數的源流、理法、及其影響，作全面深入的研究，幾不可能。

有見及此，本叢刊編校小組經多年努力及多方協助，在海內外搜羅了二十世紀六十年代以前漢文為主的術數類善本、珍本、鈔本、孤本、稿本、批校本等數百種，精選出其中最佳版本，分別輯入兩個系列：

一、心一堂術數古籍珍本叢刊

二、心一堂術數古籍整理叢刊

前者以最新數碼（數位）技術清理、修復珍本原本的版面，更正明顯的錯訛，部分善本更以原色彩色精印，務求更勝原本。并以每百多種珍本、一百二十冊為一輯，分輯出版，以饗讀者。

後者延請、稿約有關專家、學者，以善本、珍本等作底本，參以其他版本，古籍進行審定、校勘、注釋，務求打造一最善版本，方便現代人閱讀、理解、研究等之用。

限於編校小組的水平，版本選擇及考證、文字修正、提要內容等方面，恐有疏漏及舛誤之處，懇請方家不吝指正。

心一堂術數古籍　珍本　整理　叢刊編校小組

二零零九年七月序

二零一四年九月第三次修訂

定命録

于右任

林序

方今知命談相之士、類多撮拾陳言、妄論休咎、以爲衣食之計、其能克苦研討、矢志提倡者鮮矣、故命學式微、將近湮滅、丁卯之春、余有鑑於此、與諸同志設苑提倡、陳績昭著、久爲識者所贊許、時馳齋從焉、頗有闡發、余知其好學多思既久、其後同仁奔走政途、馳齋肩提倡之任、十年如一日、於是學益精進、爲人平章命理、言則屢中、名亦漸起、余不禁爲命學前途慶提倡得人、足繼余志也、今年秋、復出所著定命錄、就正於余、闡微抉奧、精細詳明、發前人所未發、誠爲稀有之奇著也、書將付梓、特爲序如此、甲戌仲秋、閩侯林庚白、

鄭序

駝齋振奇人也、生平研究命理、博覽羣書、首創命學社於滬西寓廬、問命者踵相接、蓋驚其應驗如響也、近頃出其餘緒、編著定命一書、於現代各界名流艁命、無不備具、附以略歷、復加月旦、其闡發處、洞澈入微、謂爲知命寶筏、誰曰不宜、書成付槧、丐余序言、爲述如此、甲戌涼秋天都還圖

駱序

今之談命學者夥矣、類多摭拾陳言、不求精進、知其然而不求其所以然、卽有好學深思之士、亦皆敝帚自珍、不以心得示人、或公開提倡、於是命學精微、日漸湮滅、余友張君一蟠、今之好學士也、抱提倡決心、揣摩斯學者有年、雖博覽典籍、猶以爲不足、更設命學社於海上、徵求同志、晨夕研討、偶有心得、發爲著述、近復搜集當今名人命造、記其過去事實、與命理相參證、發前人未發之理、

窮五行變化之機曰「定命錄」蓋觀夫當政者之朝盛夕衰、此起彼伏、胥有命運操縱其間、而書中所記事實、均與國運轉移有關、可供研究命學者讀、亦可供研究國史者讀也、方今人心好亂、孰不患得患失、倘識此學之精微、則居易俟命、不以窮通奪其志、不以得失變其節、移風易俗、其在此乎、然則張君是書之作、有功於世道人心者、實較發揚命學爲尤大也、甲戌仲秋嘉定駱經畬序言

自序

凡人有生、則當有學、學則應有所用、用之大者、以謀人羣福利爲上、某不自量、心焉慕之、徒以弱質、生茲亂世、力薄能鮮、不償宿願、爲人之道久虧、匹夫之責未盡、淸夜凝思、於心良疚、所幸從窮究哲理之餘、發現五行星命之學、可謀人

趨福利、藉爲人評論休咎、既示趨避之方、指點迷津、更含規戒之意、且亦某能力所可爲者、自開始揣摩以來、搜羅秘笈奇書、訪問高人異士、不遺餘力、窺玄探奧、煞費苦心、溯自丁卯追隨諸君子之後、結社實習、開始提倡、成績久著、設硯問世、幾閱寒暑、爲人平章造命、日不暇給、稍可偷閒、即作編輯本書之預備、曠日廢時、久未蕆事、今年春、整理舊稿、增添新著、雖經炎夏、未嘗輟筆、成書一册、分作三卷、凡八十三篇、均根據學理經驗、評論當代偉人之造命者也、每編首叙經歷、爲推命參考、次評命造、作學理研究、以命運證驗其歷史、以現在推測其將來、本身既可作良箴、他人亦可爲借鏡、覩此奇著、前未有也、惟某思想力薄、學識有限、此均就所知編著、至於名造搜羅未備、偉人經歷失詳、評語是否失當、校稿曾否乖誤、尚冀高明之士、加以指示、而俟再版糾正焉、

民國二十三年九月一日駝齋張一蟠序於上海命學社

定命錄書目

上編

中編

凡例

一　本書之命造、有係送交著者推評者、有係友人告知者、有經別書轉載者、
二　本書之名人歷史、除採擇於「新中國人物誌」一外、並參考其他之報張雜誌、
三　其年月、清時從陰歷、至民國從陽歷、如四月則當以清明節爲標準、
四　命造行運上所扣之年歲、均虛一歲、如扣三歲、此上則爲四歲、因我國習俗紀齒均虛一歲也、
五　當今中國偉人甚多、著者未詳其歷史、及命體、不能完全羅列、頗願本人見告、於再版補入、
六　所載當代偉人、有已亡故者、因具歷史關係、故亦載入、
七　在目前本人有對於所評懷疑、且不了解者、通函或下問、均竭誠解答、

定命錄

上編

毘齋張一蟠編著

孫總理

名文、字逸仙、號中山、廣東香山人、世代業農、胞兄經商於美國檀香山、初從美教士習英語、後從兄赴檀香山入教會學堂肄業、受洗入教、清光緒七年辛巳、回籍、卽入廣州博濟醫學校、壬午、轉入香港阿顯斯醫院、時結識同志、終日談革命、乙酉中法宣戰、氏目見外交策略之遺誤、始決定努力革命推翻滿清、建造共和國家、醫學畢業後、卽以行醫爲名、開始宣傳革命、偕陸皓東北遊京津武漢各地、考察一切、甲午我爲日本戰敗、氏已赴檀香山美洲各地、創立興中會、欲糾合華僑爲助、乙未返粵、在香港廣州兩處、設立祕密機關、準備起事、事洩被捕至七十餘人、陸皓東等被害、氏避至美洲、宣傳革命主義、丙申至英京倫敦、被中國公使禁於使館、得業師康德黎氏援、始釋出、己亥赴日本、得同志百數十人、庚子命鄭士良率同志起事於惠州、因無援失敗、日本人山田跟政等皆死之、旋史堅如爲謀炸兩廣總督署失敗死之、後起事於惠州不成、唐才常起事於武昌失敗死之、乙巳春氏重遊歐洲、留學生多贊成革命、氏遂宣佈所主張「三民主義」與「五權憲法」、並組織興中會、在比京柏林巴黎陸續開會、加入同志甚衆、本年夏返日本、於秋間改組興中會爲中國同盟會、入盟者數百人、規定中華民國之名稱、丙午赴安南、在河內設立機關、舉義於潮州黃岡失利、旋鄧子瑜發難於惠州、不成、丁未先有十萬大山之失敗、後率黃興胡漢民等襲取鎮南關、因衆寡不敵退安南、遂被逼赴美洲、留黃興等在欽廉一帶與清軍搏戰、數月終至敗走、旋有黃明堂等佔據河口、誅却邊防督辦、以無援失敗、宣統二年庚戌正月、黃興胡漢民等運動廣州新軍、因接應不週失敗、辛亥三月、各省同志集於廣州、攻督署失利、死於黃花岡者七十二人、是時氏尚在美洲努力宣傳、並募集經費、而革命之失敗於是凡十次矣、八月武昌新軍發難、樹立革命旗幟、而各省聞風響應、遂反國、各省代表推爲中華民國第一任大總統、民國元年壬子正月、政府成立於南京、遂正式就職、二月清帝遜位、辭職、推袁世凱繼任、乃遍遊各省宣傳主義、袁氏授爲全國鐵路督辦、癸丑夏、袁氏專政、遂傳檄各省興討伐、因勢力不敵、旋即失敗、乃赴日本解散國民黨、改組革命黨、六年丁巳始返廣州、六月張勳擁兵復辟、國會議員在廣州組織軍政府、遂被舉爲大元帥、旋因陸榮廷掣肘辭職、戊午改總裁制、被選爲大總裁之一、庚申辭職、至上海、辛酉陳烱明陸榮廷迎氏返粤、被選爲大總統、壬戌舉師北伐時、陳烱明突然變叛、逼氏退出廣州、遂至上海、而數年著作俱燬矣、癸亥楊希閔等逐走陳烱明、乃再返廣州被推爲大元帥、甲子因黨內份子複雜、遂更改革命黨爲中國國民黨、並發表第一次全國代表大會宣言、冬西北軍打倒直系軍閥、段祺瑞執政、電邀氏北上、共商國是、十一月經上海繞道日本至天津、主張召集國民會議解決國是、因脾疾發、留天津養疴、病勢沈重始遷入北京協和醫院、乙丑三月十二日卒、年六十歲、大漸時留有遺囑二種、著有中山全書、十八年己巳奉安於南京紫金山之麓、子科官至中央執行委員立法院院長自有傳、

總理生於清同治五年十月初六日寅時、距大雪節二十五日又四時、扣八歲多一百六十天交運、逢乙庚年清明後互換查譯其體命爲

丙寅 貴
己亥
辛卯

初九 庚子
十九 辛丑
二九 壬寅
三九 癸卯
四九 甲辰
五九 乙巳

庚寅 貴　六九 丙午　七九 丁未

太歲官貴佩印、透出干頭、成官印生身之局、時干透刦自助、故結氣不衰、足任地支之財、貴印俱全、財官嬝美、實非等閒之命、而應奇貴者也、況支財生歲官、官生偏印、印生身、精氣神相貫而成、尤超羣而出類、然以一平民之身、打倒帝制百世餘孽、造共和萬載丕基、以此體命作此偉舉、則嫌命未美備、而人事實超而過之、惟究所行運雖蹇、與事實尙符合、如在寅運逢丙申年、三寅衝申、動搖貴人、遇難得解、癸運初乙已年春、驛馬衝提、重遊歐美、宣佈主義、組織興中會、本年財官當旺、故能順利若是、卯運辛亥年革命成功、亦可稱佳運、除此外如部下運動革命十次失敗、及本人數次亡命海外、均在劣運中、尤以行辰運逢壬戌年、運命結氣、而被戌衝合、忽逢陳炯明之變叛、事業言論毀於一旦、爲最不幸、命優運劣、故有奮鬬四十年之結果、如假有十年坦達之運、則革命當早成功、何須若是之久、其逝也當辰運之末、乙運未交、苟過乙丑清明北上、尙不至卽棄民衆而溘逝、當可見北伐成功、蓋乙運誠佳運也、果然國府奠都於南京、總理奉安於紫金山下、全國官民晨昏致敬、均於乙運實現、人云總理死後獲佳運、亦近於理、

駝齋按、命之操縱人羣、雖無微不至、然亦有界說、如爲時勢所造之英雄、不能脫命運之操縱、造時勢之英雄、命運則難操縱之、以總理畢生事業論、固造時勢之英雄也、以平民之身、推翻滿清煊赫帝業、打破數千年封建因襲制度、所謂革命者、不僅革清室之命、其亦改革本身之命運、不受五行之操縱歟、惟以上所評運途、頗相符合、天命人爲關節相通、亦在於此、

袁世凱

字慰亭、河南項城人、清時以附貢爲中書、光緒八年壬午、從吳長慶征朝鮮叛

黨、以功擢同知、乙酉派充駐朝商務委員、受知於李文忠公屢保至道員、甲午我爲日戰敗、遂歸國入覲、乙未授溫處道、改直隸按察使、屢遷至江甯布政使、皆未之任、留小站編練新軍、戊戌以背德宗優詔、促成政變、得孝欽后信任、擢爲工部侍郎、移山東巡撫、辛丑代李爲直隸總督、癸卯任練兵處大臣、丁未授外務部尚書、軍機大臣、德宗崩、遂解職歸、宣統辛亥八月、革命軍起義於武昌、清室起用爲欽差大臣湖廣總督、擢內閣總理大臣、及迫清帝遜位、被舉爲大總統、民國二年平李烈鈞黃興之革命軍、自以爲無忌、五年一月僭號、自爲皇帝、改元爲洪憲、蔡鍔起兵討之、各省騷動、五月二十日罷帝號、六月六日子時卒、壽五十七歲、

袁氏生於清咸豐九年、八月二十日未時、逆行運至白露八日、扣三歲欠一百二十天交運、壬丁年芒種前交換、其造命爲

食　己未

煞　癸酉　貴

丁巳

丁未

初四	壬申
十四	辛未
二四	庚午
三四	己巳
四四	戊辰
五四	丁卯
六四	丙寅
七四	乙丑

純陰包陽、歲月干頭食神制煞、此命書所謂食居先、煞居後、功名兩全也、支下金土洩氣、故行火運蒸蒸日上、蓋日主光明、足資傷食而任偏官、戊運化癸爲火、不以土論、均能逐步超遷、至辰入墓鄉、是以宣統間未起用、革命後入丁運、日主光芒純盒熾、乃能身爲元首、壬子年官煞相雜、行政每爲人不滿、癸丑煞強財旺、竟恃以催殘革命軍、轉危爲安、甲寅乙卯印旺生身、爲生平全盛時期、惜乎受命而不知安、妄改尊號、更逢丙辰流年、奪丁火之光、化酉失財貴、爾及長生、於是功業名器、以及生命、俱毀於一旦矣、

駝齋按、袁氏得李文忠公提攜、畀以編練新軍之任、洎乎開國因成軍閥魁首、僅以實力稱雄、初無功於革命也、總理不以創造共和之功自居、遜讓尊位、則袁氏受之有愧矣、乃更不自足、妄改國體、自僭尊號、不殆何哉、苟當日能忠於民國、容納國民黨有功之士、從總理方略、勵精圖治、努力建設、則二十年內戰、有避免可能、及今因彼而治、亦在意中、何竟身爲元首、猶不自足、年過知命、倘不安命、遺世人譏笑、留歷史汚點、殊可惜也、

黎元洪

字宋卿、湖北黃陂人、畢業天津水師學堂、光緒十四年戊子、留學德國、歸供職軍艦、屢保至花翎守備、擢副管駕、甲午我與日本戰於黃海、氏以定遠軍艦之砲術長從焉、船損被擄、戰後釋歸、作兩江總督張之洞幕僚、建設南京各砲台、任要塞司令、張調兩湖、令襄武備學堂教練新軍、丁酉後、五年間嘗實習陸軍

於日本、壬寅後卽移統軍隊、歷遷爲常備軍統領、改二十一混成協統、擢至參將、宣統間、授協都統、辛亥革命事起、被舉爲鄂軍都督、民國成立、以副總統領湖北軍事、兼參謀總長、二年癸丑、國會正式選爲副總統、入北京、袁世凱令爲參政院院長、袁氏僭號、乃蟄居、丙辰六月、袁死、以副總統繼任爲大總統、因與段祺瑞意見不合、嘗起政潮、丁巳五月、張勳率師入京、擁清遜帝復辟、遂避居天津、十一年壬戌春、直奉戰罷、徐世昌引咎解職、直軍將領擁之、再就總統職、癸酉六月、因崇文門監督事、不滿於馮玉祥、馮及閣員逼之離職、去居天津、二十年辛未卒、年六十八歲、

黎氏生於淸同治三年、九月初九日辰時、順行至立冬節二十九日又二時、扣十歲欠一百四十天行運、甲巳年小滿後互換、譯其造命爲

甲子

初十 乙亥

二十 丙子

甲戌
丁未
甲辰

三十	丁丑
四十	戊寅
五十	己卯
六十	庚辰
七十	辛巳
八十	壬午

秋火得三印生身、日主不弱、所貴者六陽包陰、歲月拱亥、爲四干貴人長生、兼有木火通明之象、是以職位崇高、資望顯著、但透印者、性慈祥、缺威武、受人擁戴有餘、自立功業不足、故兩爲元首、均爲軍閥包圍、不能展其志、蓋其命用印故也、初得張之洞提攜、張命爲「丁酉　戊申　戊申　戊午」六陽朝陰、頗與相類也、入寅運印旺、遂次超陞、至辛亥貴人躍出、騰然出人頭地、而爲開國元勳、除寅運外、雖兩次入白宮、當國事蜩螗之日、不以爲佳運也、在辰運墓庫中溘逝、殊在意中、

駝齋按、黎氏之命、三印齊透、木助火生光、頗不多遘、歲逢壬子、水旺生木、更化

日主為木、成天元一氣、故能以副總統領湖北都督、兼參謀總長、可謂一身領三印矣、然此造喜壬水、不喜癸水、故壬戌能再起、癸亥失位、蓋天尅也、可異者、日主喜印、當癸亥被逼去位、猶帶總統印信赴津、雖為王承斌所奪、足見印與其人關係密切矣、

馮國璋

字華甫、河北河間人、北洋武備學生、由淮軍砲隊教習、保至候選知縣、迄袁世凱練兵小站、氏往投效、授管帶、擢至統帶統領、時已官至道員、為貴胄學堂總辦、光緒三十三年丁未、授軍諮府副使、加副都統銜、宣統初、遷陸軍部副大臣、創辦禁衛軍、三年辛亥、武昌革命事起、授第一軍軍統、南下禦革命軍、攻克漢口、收漢陽、戰敗黃興軍、民國成立、袁世凱命統禁衛軍、遂還京、元年九月、代張錫鑾為直隸都督、二年癸丑、二次革命作、率師攻南京、十二月代張勳為都督、

乙卯授參謀總長未就、丙辰十月、被選爲副總統、仍領江蘇軍事、丁巳夏、黎元洪去位、段祺瑞擁之、八月一日攝大總統職權、戊午十月滿任下野、仍居京師、己未十二月二十八日卒、

馮氏生於清咸豐八年、十二月二十四日辰時、順行運至己未立春、八日又八時、扣三歲欠八十天行運、辛丙年寒露後交換、其命爲

戊午	初四	丙寅
乙丑	十四	丁卯
乙丑	二四	戊辰
庚辰	三四	己巳
	四四	庚午
	五四	辛未
	六四	壬申

乙木冬生、無根號寒、苟非雙透、幾應以從官論、此命固無顯貴之象也、所幸晚年行火運、溫存日主、萬象回春、去官留煞、假煞爲權、其能握兵柄、領疆圻、居白

定命錄 二三

宮者、僅五十歲後、十餘年火運耳、（辛運流年均火）初無赫赫名也、已未在未運中、雙衡偏官、動搖根本、其死亦宜、

徐世昌

字菊人、河北天津人、清光緒十二年丙戌進士、已丑授編修、甲午爲國史館武英殿協修官、丙申丁內艱歸葬河南、丁酉參袁世凱戎幕、已亥服闋仍留襄軍事、辛丑派充京師營務處總辦、擢國子監司業、癸卯授商部右丞、旋開缺充練兵處提調、甲辰署兵部侍郎、乙巳派校閱北洋陸軍、旋命在軍機大臣上學習行走、兼政務大臣、會辦練兵大臣、除左侍郎署本部上書、授巡警部尚書、補軍機大臣、方略館副總裁、經筵講官、丙午改民政部、開去軍機大臣、專理部務、丁未授欽差大臣、東三省總督、兼署奉天巡撫、兼管三省將軍事務、仍兼參預政務大臣、宣統元年已酉、調任郵傳部尚書、五月充督辦津浦鐵路大臣、庚戌授

協辦大學士、七月再入爲軍機大臣、授體仁閣大學士、辛亥四月授內閣協理大臣、九月改軍機大臣、授太保、革命後避居青島民國三年甲寅五月、袁世凱任爲國務卿、乙卯十月袁將稱帝辭職入豫、丙辰三月仍爲國務卿、踰月辭職、戊午九月參衆兩議院舉爲大總統、十一年壬戌五月、奉直戰後遂辭職、家居天津、

徐氏生於清咸豐五年九月十三日辰時、逆行運至寒露十四日又一時、扣五歲欠一百十天、逢庚乙年小暑前交換、譯其造命爲

乙卯　貴人長生文昌
丙戌　財庫
癸酉
丙辰　財庫

初六　乙酉
十六　甲申
二六　癸未
三六　壬午
四六　辛巳
五六　庚辰
六六　己卯
七六　戊寅

以食神生財取用、苟非座下辰酉合金相生、則嫌過弱、故以行金水運爲佳、尤不宜處於南方、恐身弱不任財也、丙戌在未運、食神生財、用神顯耀、故成進士、此後十餘年、均爲閒官、午運以貪財壞印、故並失耆饜、入辛運偏印透而身强、獲居卿貳、已運爲財官帶貴、吉氣籠罩、郎雖弱身、亦無所礙、於是官居一品開府盛天、在五年內俱現、至庚運化乙成正印生身、乃入相、辰運之後似不能再起、而改國後尙爲元首四年、正當戊午已未庚申辛酉之歲、初則旺於財官、繼則旺於印、况已運透煞爲食制、故重於權、無礙於身也、壬戌之去位、蓋衝辰解合、日主力薄也、今年壽八十矣、苟能度歲、尙可延年、

曹錕

字仲珊、河北天津人、天津武備學堂畢業、清光緒二十年甲午、從宋慶之毅軍、轉戰於鴨綠江一帶、其後充淮軍小隊長、從袁世凱于小站擢至總兵官、援第

三鎭統制、徐世昌督東三省、調駐長春、以宣統二年庚戌秋操、晉提督、辛亥革命軍起、率部入衞京師、改稱第三師師長、踰年授長江上游警備司令、駐師梁州、民國三年甲寅、授虎威將軍、乙卯蔡鍔起兵討袁、袁命率師入蜀拒之、授征滇軍川路總司令、四川防務督辦、戰而無功、丙辰九月、授直隸督軍、丁巳七月、以討逆軍西路軍總司令、從段祺瑞討張勳有功、令兼省長、戊午正月、南北分裂、授川粵湘贛四省經略使、派隊援湘、部下吳佩孚率第三師恢復湖南、庚申夏與段交鬨、遂開戰、吳佩孚更戰敗皖軍、八月遂晉爲直魯豫巡閱使、壬戌春、奉軍入關、吳佩孚擊敗奉軍於津保間、勢益雄厚、癸亥十月、部下擁之賄選爲大總統、甲子秋、直奉再戰、部下馮玉祥回兵劫京師、囚之延慶樓、丙寅四月乃釋出、家居天津、

曹氏生於清同治元年十月二十一日子時、順行運至小寒二十五日又一時、

扣八歲多一百三十天、辛丙年淸明後交換、查譯其命、爲

壬戌　初九 癸丑
壬子　十九 甲寅
庚子　二九 乙卯
丙子　三九 丙辰
　　　四九 丁巳
　　　五九 戊午
　　　六九 己未
　　　七九 庚申

雖屬金淸水秀、亦未免金寒水冷、日主與偏官無根、既似碧水洸金、又若滄海浴日、氣象萬千、且純陽之命、分占四旬、亦爲貴顯之兆、稟賦未免嫌弱、苟行水運、必不永年、所幸大運經木火土之鄉、均足助火之力、去水之病、已運丙火用神得祿、日主得長生、雙食得貴、吉星籠罩、於是實力大展、戊運制水、尙爲佳運、癸亥年歲運化火、煞用旺而權展、乃據元首、然歲運偶合甚危、處其境者良苦、甲子傷官損用、乙丑更干支刑合無常、乃被囚繫、丙寅煞用生光、因復自由、行

運與事實均符合、今年七十三矣、三年之內、均爲阨運、乙亥之冬、尤屬不利、大數難逃乎、

跪齋按、曹氏之經歷有類馮國璋、統軍才尚不如、端類吳佩孚戰功、得爲元首、攻奉之役、既不能防患於先、更不能避難於後、竊怪其以軍人出身而竟慵憒至此也、殊不知其命結構固佳、能得至尊之位、而元氣不足、無英武睿智精神、多依賴、少作爲、傷食洩氣甚也、

段祺瑞

字芝泉、安徽合肥人、畢業北洋武備學堂、光緒十五年已丑、留學德國、袁世凱練兵小站時、充教練、旋任砲兵第一營管帶、擢至福建江州總兵官、已亥任武衛右軍統領、辛丑任北洋陸軍參謀長、後任第三第四及第六鎮統制官、丙午授第三鎮統制官、北洋武備學堂監督、鑲黃旗漢軍副都統、宣統元年已酉十

一月、復任第六鎭統制官、代王士珍爲江北提督、辛亥革命時、任南征第一鎭統制官、民國元年壬子三月、任陸軍總長、授建威上將軍、兼管將軍府事、癸丑七月、晉國務總理、十月代湖北都督、甲寅轉河南都督、五月再長陸軍、兼管將軍府事務、四年乙卯、以反對帝制、遂乞病退、丙辰四月、袁氏强起之、任內閣總理、兼陸軍總長、丁巳三月、以對德宣戰、不睦於黎元洪、免職居津、六月張勳復辟、氏以討逆軍總司令、誓師於馬廠、討平之、再起任內閣總理、兼長陸軍、十一月辭職、任參戰處督辦、丁巳九月罷、七年戊午三月、再起任國務總理、十月辭職、復任參戰督辦、庚申秋、舉錯爲曹錕吳佩孚所不滿、遂交戰、所部皖軍敗於長辛店、直軍入京、乃避居天津、十三年甲子秋、直奉軍再戰於榆關、而馮玉祥回兵據北京、禁曹錕、各方擁氏出、冬入京、就臨時執政、兼國務總理職、丙寅四月、奉直聯軍、擊敗馮玉祥之國民軍、以兵入京、遂避居天津、癸酉春、日軍既據

東三省、將追平津、氏乃徙居上海、甲戌夏遷居廬山、

段氏生於淸同治四年二月初九日午時、逆行運至驚蟄八時、扣八十天、逢乙庚年芒種後交換、查譯其命爲

乙丑
己卯 祿
乙亥
壬午 長生

初一	戊寅
十一	丁丑
二一	丙子
三一	乙亥
四一	甲戌
五一	癸酉
六一	壬申
七一	辛未

仲春誕生乙木、結氣已强、似不宜再行强身運、然能以行木運騰達者、蓋去其偏財、而成水木淸奇之局、自宣統紀元以後、十年中初行金水流年、繼行癸運、日主得雨露之滋、花枝招展、榮華日盛、至酉運衝提損祿、有傷元氣、故一戰不勝、實力全消、甲子冬得水生、乃能再起、丙寅火旺、遂解政柄、去歲癸酉衝祿、羅

定命錄 三一

疾幾疑其不起、乙亥殊佳、晚福隆盛、壽在庚辰辛巳之間、蓋時上長生捧印、可永年也、

駝齋按、段氏再造共和、參加歐戰、五次組閣、一番執政、威權雖不若袁氏之盛、而功業過之、惜乎一握政柄、則爲左右包圍、不能展其所長、其乙木陰柔之缺點乎、

蔣中正

字介石、浙江奉化人、初肄業龍津學堂、年十八歲、應浙江考試、進浙江陸軍武備學校、畢業後、保送入天津保定軍官學校步兵科肄業、次年夏、以成績優良、派赴日本、入士官學校肄業、即加入中國同盟會、爲革命盡力、宣統辛亥夏卒業歸、秋、武昌革命作、遂赴上海、在陳英士部下、任滬軍第五團長、率軍攻克浙東等處、不及一月、浙事底定、率師回滬、臨時政府成立、供職如故、癸丑二次革

命失敗、同志多出亡國外、遂隱上海、爲總理秘書、努力籌劃黨費、丙辰一月、袁氏僭號、氏與陳英士組織機關、進攻兵工廠等處、均未得手、丁巳奉總理命、遊歷西南等省、聯合同志、張勳復辟、總理設護法政府於廣州、召赴粵襄助一切、嘗任許崇智之參謀長、旋被同僚傾軋、辭職來滬、與同志周佩箴經營商業、半年餘、更赴廣東、任要職、十一年壬戌、總理舉兵北伐時、陳烱明叛、圍總統府、氏率隊保護總理登軍艦、避至上海、癸亥事定、總理返粵、任大本營參謀長、旋赴俄國參觀陸軍大學、甲子春、初議創設黃埔軍校、成立、即被任爲校長、乙丑二月、率第一期畢業學生軍、出發淡水、清肅陳烱明江東逆軍、時總理已在北京逝世、廣州改組國民政府、六月四日中央執行委員會、特任爲軍人部長、及國民革命軍總司令、丙寅春、任政治訓練部總主任、旋陳烱明舊部復爲亂於潮汕、再平之、五月唐生智敗退衡陽、乞援於粵、七月、氏遂率北伐軍入衡陽、八月入長沙克岳州、九月占漢陽夏口、十月得武昌、拒吳佩孚於武勝關外、以兵東下、擊破孫傳芳軍於贛、而遷國民政府於漢口、十一月克九江、再克南昌、奄有西南、遂以兵據皖境而出偏師入浙、時第一軍司令何應欽氏、已克福建入仙霞關、丁卯二月、直入杭州、以兵攻蘇、禦直魯聯軍於松江一帶、氏遂縱兵皖北、以圖津浦路、三月克復滬甯各地、奄有江南等省、遂定都於南京、被推爲國民政府常務委員、軍事委員會委員長、四月國內淸肅共黨、組設正式國民政府於南京、五月北伐、擊退直魯軍占蚌埠徐州、會日本出兵山東、張宗昌孫傳芳更負嵎魯境、苦戰月餘不利、遂罷兵、八月因謀甯漢復和回籍、九月遊歷日本、而傳芳殘軍更逞此襲擊鎮江龍潭、南京震動、幸卽平之、而武漢方面唐生智早受共黨誘惑、出兵東侵、旋經部下討平、政府促之歸、十一月回滬、十二月一日與宋美齡女士結婚於上海、戊辰一月四日、復就陸海空軍總司令職、兼第一集團軍總司令、三月大舉北伐、乃自兼第一軍總司令、五月克濟南、時日兵逞兇、發生慘案、撓阻進兵、而奉軍撤退、我前鋒已越濟南、會二三四集團軍抵定故都、全國粗告統一、遂繞道北上、謁總理靈、南下後、更平定程潛之叛軍、已已組織編遣委員會、任委員長、辦理裁軍事務、致爲桂系將領李宗仁、白崇禧不滿、與兵抗中央、於是派兵討平之、而馮玉祥更舉兵攻徐州、蔣氏率部擊之、苦戰數月、定河南、十月中央政治會議、推爲國民政府主席委員、庚午夏、與閻錫山戰敗之、定河北、庚午九月、兼行政院長、辛未粵派與中央不睦、謀出兵攻擊中央、乃招集國民會議、解決國是、國府主席舉林森、行政院舉汪兆銘、氏專領軍事、受軍事委員會委員長、時共匪朱德毛澤東得共黨助、爲亂於贛南、聲勢浩大、部下屢爲所阨、乃自督師進剿、駐南昌、其秋會馮玉祥部石友三叛、乃命張學良率部入關進剿、而日本軍遂乘無備、於九月十八日襲瀋陽、竟佔東北三省、一月二十八日、更在滬挑戰、佔滬北吳淞、壬申春、日人在滬退兵、氏嘗往返京漢之間、每駐節南昌、調度剿匪軍事、癸丑春、日軍佔熱河、迫天津、我軍與戰不利、中央遣黃郛北上協議停戰、成立停戰協定、日軍乃交出灤東、秋十九路軍將領陳銘樞蔡廷楷等叛變於閩、乃由浙出兵討平之、冬孫魁元亦叛中央攻擊甯夏、不久亦歸消滅、甲戌春、駐節南昌督師剿匪、漸次清肅、六月入京參加軍校十週紀念典禮、會商與僞滿通車事宜、現駐節南昌、

蔣氏生於清光緒十三年九月十五日午時、逆行運至寒露二十三日又六時、扣八歲欠六十天、逢乙庚年大雪後交換、查譯其命、爲

丁亥 驛馬

庚戌

己巳

初九 己酉
十九 戊申
二九 丁未
三九 丙午
四九 乙巳
五九 甲辰

庚午祿　六九 癸卯　七九 壬寅

支宮祿刃扶身、月建得暮秋旺令、結氣稱强、雖干頭傷官夾透爲病、影響亦微也、所貴者、馬立天門、以戌爲欄、有攬轡澄濟、稱雄一世之概、羊刃臨座、日祿歸時、功高望重、名顯威隆、惟傷重損官、頭角不能早露、申運合刃爲財、僅作曇花一現、終以傷官得祿、卽受挫矣、此後十年、終以火力不足、鎔庚滯晦而難自振、至丙運丙寅年、兩丙鎔庚、炎上會局、合馬成官、發動如野火燎原、熛炳千里矣、其能成大業者、蓋去傷官之病也、丙午十年旣佳、乙運亦能繼美、乙亥之歲、雖然歲運並臨、干尅支衝、然以兩透傷官之故、解其疵點、所爲病者、至此有益、乙運惟戊寅不利、巳運以甲申欠美、餘均繼令利達、甲運丁亥之歲、職位尤顯、稱盛一時、總上以觀、未來期望、也方興未艾、

駝齋按、方總理逝世後、蔣氏率數千學生軍東征、擊破陳烱明數萬之衆、克復

惠州、初建奇功、陳氏十年稱雄、勢力至此告終、而蔣氏功業於是開始、雖勝敗環境不同、命運亦有以致之、蓋陳氏造命爲（丁丑　癸丑　辛卯　癸巳）清光緒三年十二月十一日巳時生、食神夾透如蔣氏傷官似、亦以爲病、在申運化官爲食、乙丑年助食生旺、遂致毀敗、癸酉年九月二十二日乙卯丑時卒、蓋洩氣過甚也、蔣氏以制傷成功、陳氏以助食敗亡、命運符合、於理誠然、

唐紹儀 （以下以年歲長幼爲序）

字少川、廣東中山人、美國哥倫比亞大學肄業、歸國後、在李鴻章幕下、任南洋大臣通譯官、光緒十一年乙酉、袁世凱任朝鮮欽差大臣時、從之任書記官、後轉仁川總領事、戊戌袁任山東巡撫、氏爲天津海關道、後爲西藏問題之全權大臣、辦交涉有功、擢外務部右侍郎、歷任滬甯京漢鐵路督辦、兼稅務大臣、郵傳部侍郎、丁未、授奉天巡撫、戊申因庚子賠款事、派赴美國、宣統元年己酉、辭

巡撫職、悠遊南北、授爲郵傳部尙書不就革命後、袁世凱命爲南北和議北方總代表、與伍廷芳折衝於上海、民國元年壬子、初告統一、任第一次國務總理、在任三月、卽辭去、此後均傾向於南方、反對袁氏稱帝、丁巳八月、被推爲廣東軍政府總裁、兼財政部長、巳未一月、因南北和議事、爲南方總代表至上海、九年十一月與孫總理伍廷芳再組軍政府於廣東、國民政府成立後、任高等顧問、賑務委員會委員、壬申中央任爲中山模範縣長、其命爲

辛酉 貴人
庚子
丙辰
巳丑 財庫

初九	己巳
十九	戊辰
二九	丁卯
三九	丙寅
四九	乙丑
五九	甲子
六九	癸亥
七九	壬戌

全局財官旺而身衰、宜行木火帮身運無疑、故丙寅十年爲生平最佳之運、其

餘行木運均不差、至水運弱身無能爲矣、亥運已屆髦年、因日貴之故、尚長中山縣、然官煞雜而身衰、易被人破壞、而失清名、非盡利也、甲戌雖木火旺足以帮身、而干合支衝、亦不安之象、宜自懍愼、苟丙子年無礙、壽應至壬午、

徐謙

字季龍、安徽歙縣人、以清之進士、入翰林院、嗣服務於刑部、宣統二年巳酉、與許世英同以法律館研究員赴歐美考察司法制度、辛亥二月回國、民國元年壬子四月、任司法次長、七月辭職、丙辰九月再任司法次長、丁巳六月辭職、南北分裂後至粵、廣東政府任司法部長、無何離去、卜居上海、壬戌三月、王寵惠組閣、授爲司法部長未就、癸亥孫總理任爲大元帥府司法部長、仍未就任、在嶺南大學充教授、甲子隨孫總理北上、接近馮玉祥與俄國大使加拉罕、充其顧問、丙寅馮部國民軍敗走、更入廣東任司法部長、曾爲中央執行委員、革命

軍北伐時、隨軍至武漢、丁卯八月、甯漢合作、至甯、以其屬於左傾派、接近共產黨、而被中央屛棄、其命爲

壬申
丙午
甲午
甲戌

初七 丁未
十七 戊申
二七 己酉
三七 庚戌
四七 辛亥
五七 壬子
六七 癸丑
七七 甲寅

日時甲木臨午申死絕之鄉、破壞有餘、成功不足、況夏火焚木、全局燃燒、主義近於赤化、於五行相合、歲首水得長生、潤澤全局、略能補救、尙嫌不足、故宜行金水運、如始終活動於北方、早握大權矣、酉庚運尙不惡、辛亥運最佳、壬運逢丁卯年、合木燃火、成功轉爲失敗宜矣、子運丙子尤不利、於心身、應甯靜自守、能過此、至癸運尙可受人推崇、

謝持

字慧生、四川富順人、以清之附生、畢業川南師範學校、歷任四川學務所委員、中國新公學學監、傾向革命、清宣統初、密謀舉事於成都、不成逃避、辛亥革命、歸任四川軍政府總務局長、民國二年癸酉、被舉爲參議院議員、因彈劾袁世凱、被捕下獄、旋釋出、二次革命失敗、亡之日本、曾任中華革命黨總部之總務部副部長、嘗追隨總理左右、頗得信任、已未充廣東軍政府司法部長、辛酉任內務次長、代理部務、後改大元帥府秘書長、甲子舉爲中央監察委員、乙丑總理逝世、國民黨內部不睦、遂赴北平、曾開會於西山總理靈前、丁卯加入清黨、組織特別委員會、被舉爲委員、代行執監委員會職權、兼國民政府委員、戊辰解職、其命爲、

初四 戊子
十四 丁亥
乙亥 貴人

巳丑
乙酉
丁丑

二四　丙戌
三四　乙酉
四四　甲申
五四　癸未
六四　壬午
七四　辛巳

全局純陰、歲月拱貴、天干會作本庫、同於吳經熊、支宮半金、稍似王寵惠、亦法政家也、財官既旺、頗得力於干頭食神取以生財制煞、申運官貴佩印、爲前之佳運、癸運本不差、惜流年金土弱身、美中不足、今歲甲戌、恐有刼耗、乙亥歲大佳、在未運中、有進無退、壬午十年、晚福隆盛、庚辰辛巳多病之象、

顏惠慶

字駿人、江蘇上海人、清時畢業聖約翰大學、留學美國、爲阜及尼亞大學學士、歸國後、任聖約翰大學教授、後從陸徵祥任荷蘭公使館譯官、及從張蔭棠爲駐美公使館一等參贊官、宣統三年辛亥、任外務部參議、民國元年壬子、任

外交次長、癸丑一月、轉駐德公使、後兼駐丹麥公使、及瑞典公使、丁巳八月、以我對德宣戰、遂歸、庚申八月授外交總長、壬戌六月奉直戰後、晉國務總理、兼長外交、八月辭職、甲子一月任農商總長、九月再組閣、兼長內務、十月解去、丙寅五月復起組閣、不久退職、癸酉一月、中俄復交、授駐俄大使、

顏氏生於清光緒三年二月十九日子時、逆行運至驚蟄二十八日又三時、九歲一百五十大、逢丙午年立秋後交換、查譯其命、爲

丁丑　　初九　壬寅
癸卯 祿　　十九　辛丑
乙巳　　二九　庚子
丙子 貴人　　三九　己亥
　　四九　戊戌
　　五九　丁酉
　　六九　丙申
　　七九　乙未

以六乙鼠貴論格、而拱財庫拱刃、均爲本命所喜、日主得祿、結氣雖不過弱、因

火旺之故、尚喜行水運、土爲本身之財、亦需要壬子年行子運、貴人佩印、以水潤木、於是由外交而持節歐洲、爲發達之始、庚申官貴合座、在巳運臨財官、進至總長、壬戌透印、晉爲總理、此財官印歲運交臨也、按其履程、與五行喜忌均符合、戊運化癸失其元神、爲火焚身、避而不出、蹈晦得宜、戌運翔合主動、在癸酉歲衝祿而起、固佳、復出甚宜、惟甲戌年木火旺、未利於身、不能十分得意也、乙亥年驛馬衝座、不免奔勞、且有建樹、花甲之後、運均平常、己卯癸未年有再長外部望、

張人傑

字靜江、浙江吳興人、淸時先世爲南潯巨富、光緒末、在上海響應革命失敗、家財被收沒、遂亡命法國、初經商於巴黎、補助總理進行革命、幷組織留法儉學會、創辦國民黨日報、宣傳革命思想、民國成立、歸家居故里、十三年甲子一月、

國民黨第一次執行委員會、在廣州舉行被推爲執行委員、乙丑七月、國民政府改組成立、任常務委員、丙寅一月改選爲監察委員會常務委員、五月爲中央常務委員會主席、七月改蔣中正爲主席、丁卯春、定都南京、任國府常務委員、嗣任浙江省政府委員兼主席、旋代理國民政府主席、戊辰任建設委員會委員長、導淮委員會委員、己巳一月、依舊選爲監察委員、

張氏清光緒三年八月十三日巳時生、逆行運至白露十一日又六時、扣三歲百八十天逢辛丙年驚蟄後交換、查譯其命、爲

丁丑
己酉
乙未
辛巳 馬

初五	戊申
十五	丁未
二五	丙午
三五	乙巳
四五	甲辰
五五	癸卯
六五	壬寅
七五	辛丑

乙木秋生、蕭條過甚、煞重身輕、羸弱堪虞、雖然歲月食神生財、會爲長生、月日時拱貴拱長生、可期顯達、亦未免帶病延年耳、惟急公好義、忠實隨和、時煞有根、可爲人主、其初巳運殊不佳、魁身太過、甲運帮身、漸入坦途、辰運四庫齊備、身財並旺、尤能盛極一時、現在癸運、偏印生身、亦可繼美、卯運日祿衝提、終以强身之故、進步尤多、壬運化食自助、權位隆重、寅運稍差、總之前途佳運正多、老而獲福愈厚、

胡漢民

字展堂、廣東番禺人、日本法政學堂畢業、光緒三十年甲辰、隨孫總理奔走革命、任同盟會中央黨部秘書、時南方進行革命運動甚力、丁未、氏與黃興等攻鎮南關不克、退安南、後任同盟會南方總支部部長、宣統二年庚戌、與黃興運動廣州新軍叛變、以無接應失敗、三月謀攻廣州督署失敗、同志死者七十二

人、氏得免於難、光復後、廣東省議會舉爲都督、民國元年壬子、任總統府秘書長、總理辭職後、氏復返粵任廣東都督兼民政長、癸酉四月、袁世凱命陳烱明代之、乃隨總理赴日本、進行反袁、丙辰袁死、隨總理歸粵、省會議舉爲參議院議員、丁巳總理組織大元帥府於廣州、氏爲交通部長、壬戌任廣州大總統府總參議、總理督師北伐、命爲大本營文官長、兼秘書長、甲子總理督師北伐、命留守、代理大元帥職、兼任廣東省長、於是平東江、驅楊希閔劉震寰軍、乙丑總理逝世後、國民政府成立於廣州、氏任政治會議主席、並常務委員、外交部長等職、以不容於共黨、是年秋出遊歐洲、丙寅五月自俄國歸、養痾上海、丁卯國民政府定都於南京、任氏中央執行委員、政治會議委員、國民政府委員、戊辰五院成立、任立法院院長、庚午辭職、居京、辛未移居香港、

胡氏生於清光緒五年十月十六日申時、逆行運至大雪一日又十時、扣二百

二十天、逢乙庚午小暑後交換、譯其命造、爲

己卯
丙子
丙寅
丙申馬

初一	十一	二十一	三十一	四十一	五十一	六十一	七十一
乙亥	甲戌	癸酉	壬申	辛未	庚午	己巳	戊辰

天干丙火三朋、臨於長生、炎威可畏、結氣稱強、挾拱財庫、衣祿尤富、財馬逢衝、奔勞逾恆、惟子卯刑官、少壯臨危犯難、而寅申衝馬、老大守志好高、命造足以有爲、行運不克滿志、功業偉大、享受菲薄也、生平以壬運爲最佳、酉申均因逢衝、所謀難成易敗、辛運不惡、爲丙爭合、美中不足、己巳年三刑並會、庚午衝提損官、在交脫運時、均未利、庚運尚佳、而流年經相衝相合之時、致時機坐失、此後運均平常、乙或當再出、亥辛六十二歲、易生病災、過此無礙、巳運不支、

黃郛

字膺白、浙江杭縣人、初入浙江省立陸軍學堂、畢業後赴日本、入成城學校、旋轉入日本陸軍測量學校、最優等畢業、入革命同盟會、至宣統二年庚戌返國後、清室授爲陸軍都統、旋改陸軍調查使、派赴上海、到滬後辭調查使職、入陳英士部下爲參謀長、民國成立之後、歷任革命軍運輸總司令、黃興將軍參謀長、南京警備司令、江蘇民政長、陸軍第二十三師師長等職、民國元年壬子、政府北遷、遂留滬、癸丑陳英士被刺、二次革命失敗、乃亡日本、更至美國新加坡各地、丙辰袁死、乃歸、政府任爲浙江督軍、旋辭職、丁巳隱居天津專著述、庚申南下、任南京中學教授、辛酉徐總統任爲經濟調查委員會委員、壬戌派赴美國、考察軍事財政狀況、被委爲華盛頓中國出席代表團顧問、及大總統代表、歸國後代理外交次長、調任外交委員會委員、癸亥授外交總長、罷後、甲子春代理教育總長、八月真除、冬馮玉祥旣據京師、畢氏爲內閣總理、攝總統職務、兼交通總長、乙丑段祺瑞執政、解職、丁卯五月、國民政府任爲上海特別市市長、十月退職、戊辰二月、四次中央全會選爲政治會議委員、外交部部長、五月三日、濟南慘案發生、交涉棘手、辭外長職、政府令王正廷代之、癸酉六月、日軍旣占熱河灤東、兵逼平津、中央任爲行政院駐平政務整理委員會委員長、與日協議停戰、

黃氏生於清光緒六年正月二十八日戌時、順行運至清明二十七日欠一時、扣九歲欠十天、逢己甲年立春後交換、查譯其命爲

才 庚辰　　初十 庚辰
傷 己卯　　二十 辛巳
　 丙申　　三十 壬午
　　　　　四十 癸未
　　　　　五十 甲申
　　　　　六十 乙酉

戊戌　七十　丙戌
　　　八十　丁亥

丙火誕於仲春、尙得進氣、惟傷食高透弱身、殊非所喜、僅日時拱財貴、吉星暗藏、乃顯達之象、八字兩旬分占、平分秋色、亦殊可貴、行運忌火土、喜水木金、則大利、丁卯得印、爲上海市長、戊辰洩氣衝時、致失外長之職、然在冬春水木旺時、固喧赫一時也、癸酉在甲運尅化己土、稍減其勢、癸酉爲財官貴人之地、遂衝印而起、爲國所重、於命符矣、甲戌春夏非佳、秋冬金水旺、爲公順利、乙亥最能得利、蓋已入申運矣、此五年進步獨多、惟丙子不及乙亥、丁丑春夏防破財、戊寅奔走甚於平常、總之、此命傷官向外生財、爲國努力之象、中國不多得之人材也、

孔祥熙

字庸之、山西太谷人、美國耶魯大學碩士、歷任山西省長公署顧問、督辦魯案

善後事宜公署顧問、督辦中俄會議事宜公署坐辦、廣東財政廳長、十四年乙丑、任國民黨中央政治會議委員、國民政府委員、丁卯任工商部長、戊辰改農礦部長、己巳第三次全國代表大會、選為中央執行候補委員、辛未任實業部長、癸酉十一月、代宋子文為行政院副院長、財政部長之職、

孔氏生於清光緒二十年十一月初八日卯時、順行運至寒露、二十七日又五時、九歲五十天、逢甲己年立冬前交換、查譯其命為

庚辰	
乙酉	
癸卯	貴人 長生 文昌
庚申	

初十	丙戌
二十	丁亥
三十	戊子
四十	己丑
五十	庚寅
六十	辛卯
七十	壬辰
八十	癸巳

歲月化金、時柱庚金更旺、日主亦納金音、則可為身從印化、變相殊佳、書言獨

水三犯庚金、號曰體全之象、尤爲可貴、且日主臨於生貴、內助賢良、頗爲有力、爲官能得清聲、人格爲人所重、五行忌水土、餘均相宜、盛年己丑運、十年滯晦、不展所長、庚運與命同化、雖顯達未握實權、甲戌之歲、財旺合座、秋水同溫、操握財權、長才大展、此後寅運五年、會卯辰結東方一氣、足以制煞生財、爲平生極盛之時、職位尤顯、

王寵惠

字亮疇、廣東番禺人、清光緒二十二年丙申、入天津北洋大學肄業、庚子拳亂作、乃留學日本、入東京帝國大學研究政治外交、畢業後、留學美國、入耶魯大學習法政、甲辰得法學博士學位、旋留學歐洲、戊申海牙和平會議開幕、被任爲中國出席代表、宣統二年庚戌回國、辛亥革命、氏贊助甚力、臨時政府招集各省會議於南京、被推爲本省出席代表、旋任爲外交總長、民國元年壬子、政

府北遷、唐紹儀組閣、任爲司法總長、旋調爲外交部顧問、隨唐辭職南下、居上海、中華書局聘爲編輯所長、癸丑復旦大學聘爲副校長、乙卯回籍、丙辰廣州政府、任爲外交司長、丁巳復至北京、任法律館編纂會會長、庚申任大理院院長、辛酉被任爲華盛頓會議中國全權代表、十二月梁士詒組閣、授司法總長、壬戌八月改長教育、代國務總理、九月正式署理、十一月離去、被推爲出席海牙萬國法庭會議中國代表、回國後、甲子一月仍任司法總長、九月乃罷、乙丑任修訂法律館總裁及調查法權關稅會議代表、丙寅五月、一度任教育總長、六月下野、十六年丁卯、國民政府正式成立於南京、任爲司法部長、戊辰六月四次中央全體會議、舉爲國民政府委員、冬派赴歐洲考察司法、兼赴海牙萬國法庭任裁判官、故戊辰一月出國、辛未任中央監察委員、兼司法院長、復又赴歐洲、甲戌夏回國、

王氏生於清光緒七年十月初十日丑時、逆行運至立冬二十四日又五時、扣八歲五十天、逢己甲年小暑前交換、查譯其命爲

辛巳
己亥 財馬
己巳
煞 乙丑

初八	十八	二八	三八	四八	五八	六八	七八
戊戌	丁酉	丙申	乙未	甲午	癸巳	壬辰	辛卯

八字純陰、結氣不弱、時干透煞、冬木嫌寒、所貴者、財馬奔堤、而肩雙印、衝馬主動、生平奔走長途、每寄身於絕域、與事實均合、行運扶助偏官、則能當權、故以乙未十年爲最佳、行水運則主發富、惜在盛年乏水運、爲司法家固宜、理財則不合也、現將脫甲運、其主匏懸、乙亥干支尅衝、無礙於己、當能復出、或持使節涉重洋、在午運中可維持以前令譽、歷程坦遠、癸運進益最豐、爲生平冠、巳運

衡堤過甚、財馬同奔、亦可歸休、總之彼具此優越命運、不愧爲世界人材矣、

張繼

字溥泉、河北滄縣人、日本大學畢業、入同盟會、隨孫總理奔走革命有年、民國成立、任參議院議長、二年癸丑、二次革命將作、爲袁世凱所阨、避至日本、旋赴法、袁死歸、組織憲法商榷會、爲del盧系領袖、旋改爲益友社、丁已國會解散、至廣州、甲子一月、國民黨第一次大會、舉爲中央監察委員、丙寅因反共被開除黨籍、戊辰恢復、北伐告成、任國民黨中央執行委員、中央政治會議委員、北平政治分會委員、兼主席、已已爲國民黨第三屆中央執行委員、國民政府委員、兼司法院副院長、蒙藏委員會委員、北平故宮博物院文獻館長、癸丑任北平政治整理委員會委員、

張氏生於清光緒八年七月十八日寅時、順行運至白露八日、扣二歲二百四

十天運乙庚年小滿後交換、查譯其命、爲

壬午
殺 戊申 馬
壬寅
壬寅

初三	己酉
十三	庚戌
二三	辛亥
三三	壬子
四三	癸丑
五三	甲寅
六三	乙卯
七三	丙辰

天干三壬透戊、如滄茫湖海、獨聳高峯、馬帶長生透煞、官當一面之權、位在萬人之上、行運以亥爲日祿合座、尙不差、癸運化戊爲財、秋水同溫、亦爲至善、現在丑運、困於墓中、不能展其所長、交足甲寅十年運、食神生財制煞、能假煞爲權、職位崇高、列乎首座、可斷言也、

王正廷

字儒堂、浙江奉化人、卒業北洋大學、繼入美國耶耳大學、得碩士學位、歸國後、

任全國青年協會總幹事、宣統三年辛亥、武昌起義、任湖北都督府外交副主任、臨時政府成立於南京、被推臨時參議院議員、元年壬子二月、授工商次長、兼代總長、秋罷去、癸丑三月、被選爲參議院副議長、甲寅國會解散、仍爲社會服務、丙辰國會重開、仍爲副議長、丁巳國會二次解散、即共同赴廣州、組織護法政府、戊午十一月任巴黎和會中國全權專使、拒絕簽約、返國後、先後爲湘浙省政府憲法起草委員及議長、嗣國會再行恢復、仍任參議院副議長、庚申華府會議解决山東問題、任魯案督辦、收回膠澳及膠濟鐵路、壬戌黎元洪復任總統、授爲外交總長、晉國務總理、甲子秋、黃郛組閣、再長外交兼財政、冬段祺瑞執政卸職、改任中俄會議督辦、丁卯國民政府成立於南京、任隴海鐵路督辦、兼外交委員會委員、戊辰六月繼黃郛爲外交部長、辛未冬日本旣佔東三省辭部長職、

王氏生於清光緒八年七月二十五日卯時、順行運至白露一百十天、逢壬丁年大雪後交換查譯其命、爲

壬午 祿
戊申 貧
己酉
丁卯

一歲	己酉
十一	庚戌
二一	辛亥
三一	壬子
四一	癸丑
五一	甲寅
六一	乙卯
七一	丙辰

歲首正財遭劫、爲本命不喜、能揮金不易積財、八字未能期其必貴、而行歲實不多得、自亥至癸二十年財運、正投其所需、全局得潤、成阡陌蓬勃之象、事業功名、如春筍怒發矣、丑運似不及水運爲佳、然未脫水旺餘氣、故能復長外交、終以辛未土旺之故、被學生之攻擊而去職、凡當脫運時、應不利也、此後行正官運、終以甲合寅衝、美中不足、乙亥尚佳、可負重任、戊寅之歲、且恐損財、此後

以乙運五年權重而位隆、然過花甲矣、

汪兆銘

字精衞、廣東番禺人、清時畢業日本法政大學、隨孫總理進行革命、光緒末年、發行民報、鼓吹革命思想、三十二年丙午、隨總理至安南、在河口設機關、謀舉事、宣統初、與胡漢民至新嘉坡遊說南洋各地、宣傳革命、三年辛亥三月、與黃復生等入北京、圖謀暗殺攝政王載灃、事洩被捕下獄、其冬、革命爆發得釋出、一度游說袁世凱、南北和平會議時、爲南方和平參贊、二年癸丑六月、二次革命失敗、乃遊歐州、丙辰歸國、丁巳留居上海、總理組織軍政府於廣州、任爲政務委員、常奔走於天津瀋陽、聯絡張作霖段祺瑞、爲反直運動、甲子一月、改組國民黨、被推爲執行委員、乙丑春、總理逝世後、改組國民政府、被舉爲中央常務委員兼主席、丙寅與蔣派不合去職、遊歷歐美各國、丁卯歸至漢口、爲國民政府委員及主席、甯漢合作之後、因廣州事變被嫌去職、赴廣東四中全會閉幕乃遊歐洲、辛未冬復任國府委員、行政院院長、癸酉一月一度養痾海外、四月歸國復職、

汪氏清光緒九年三月二十八日巳時生、逆行運至清明二十九日又一時、扣十歲欠百十天、逢丁壬年小寒後交換、查譯其命爲

癸未　貴人
丙辰　財庫
戊申
丁巳　祿

初十　乙卯
二十　甲寅
三十　癸丑
四十　壬子
五十　辛亥
六十　庚戌
七十　己酉
八十　戊申

戊土誕於暮春、得其旺令、支下肩比交重、丙丁生助於干頭、火土燥炎、秉賦殊健、以支宮水木叢錯、亦可以雜氣財官論格、然行運最喜金水、木則易生火也、

寅運三刑並會、辛亥年衝祿幾至喪生、幸流年水旺得力、遇救而免、癸運頗佳、因合日主、美中不足、丑運兩貴相衝、奔波之象、毫無實益、壬運水旺潤澤全局、如大旱獲甘霖、局面開展矣、子運本不差、而流年多火土、佳境轉劣、虛擲前程、美中不足、辛運化丙爲水、去病獲財、權重位隆、名高利渥、至亥十年中、除丁丑戊寅流年欠利外、餘均大佳、治國安民、有厚望焉、庚運亦不差、戌運宜韜晦、

蔣作賓

字雨岩、湖北應城人、日本陸軍士官學校步兵科畢業、清時以副軍校官、在陸軍部任軍衡司長、辛亥參加革命運動、曾任南京臨時政府陸軍次長、民國元年壬子、任北京政府陸軍次長、丙辰七月、轉參謀次長、丁巳七月辭去、張勳復辟時、一度被復避軍所捕、其後任將軍府將軍、湖北宣撫使、在鄂西一帶、謀趨逐鄂督王占元、蕭耀南不成、丙寅革命軍北伐時、隨軍辦理政務、任軍事委員

會委員、戊辰革命軍大舉北攻、任戰地委員會委員兼主席、事定授駐德國兼駐奧國公使、辛未改授駐日公使、譯有步兵操典一書、

蔣氏生於清光緒十年二月初六日戌時、順行運至驚蟄一日又八時、逢乙庚年芒種前交換、查譯其命、爲

甲申	長生	初二	丁卯
丙寅	驛馬	十二	戊辰
壬子	羊刃	二二	己巳
庚戌	財庫	三二	庚午
		四二	辛未
		五二	壬申
		六二	癸酉
		七二	甲戌

四柱純陽、五行兼備、干頭食神生財、支下衝馬拱祿、吉氣呈祥、俱主顯貴、惟官煞不透、將兵不足以樹威建業、爲官可顯耀功名、辛未運尚佳、不及此後壬申十年幫身運、足以任官煞也、蓋壬運可在本國負重任、申運衝馬、應持使節於

異域、未來希望、正方興未艾也、

丁超五

字立夫、福建邵武人、歷任衆議院議員、福建省政府委員、中央特種刑事法庭庭長、福建省黨務指導委員會委員、丙寅一月、被舉國民黨第二屆中央執行委員會候補委員、己巳三月被舉爲第三次中央執行委員候補委員、辛未任中央執行委員、丁氏清光緒十年十月二十九日戌時生、順行運至小寒二十日又八時、扣七歲欠五十天、逢辛丙年寒露後交換、查譯其命爲

才 甲申
煞 丙子
庚子
丙戌

初七	丁丑
十七	戊寅
二七	己卯
三七	庚辰
四七	辛巳
五七	壬午
六七	癸未
七七	甲申

金誕仲冬、已成洩氣、偏官雙透、更足弱身、雖得申戌之助、亦非爲强、身弱動主、雖有清聲、難獲重任、辰運會局衞時、以高傲爲人所重、可爲佳運、辛運化丙、傷官透頂、不能迎合權貴、自行退避、亦在意中、此後不善、總之不失爲清貴之命也、

羅文幹

字鈞任、廣東番禺人、英國牛津大學法學碩士、民國成立後、任廣東都督府之司法司長、其後北上任總檢察廳檢察長、四年乙卯辭去、戊午充修訂法律館副總裁、北京大學法學講師、司法次長、壬戌九月、王寵惠組閣、晉爲財政總長、旋因事下獄、冬赦出、丙寅七月、杜錫珪組閣、乃代盧信爲司法總長、丁卯二月、兼稅務督議、嗣任外交總長、戊辰去職、任直隸保商銀行總理、庚午任東北邊防司令長官公署參議、壬申任國民政府委員、外交部長、癸酉兼司法部長、

羅氏生於清光緒十五年三月十二日戌時、逆行運至清明七日欠一時、扣二歲一百十天交行、逢辛丙年立秋後交換、查譯其命、爲

己丑
戊辰
丁巳 一刃
庚戌

初三 丁卯
十三 丙寅
二三 乙丑
三三 甲子
四三 癸亥
五三 壬戌
六三 辛酉
七三 庚申

四柱分甸、辰巳地戶藏刃、爲本命之優點、然傷食洩氣過深、丁火光𦦨不熾、恃刃自助、亦難任財官、故宜取平生扶之道、壬戌九秋、一合三衝、(三戌衝辰)不免於遭惡羅砒、交子運、當火旺流年、倘能入闈、戊辰洩氣過重、傷官去職矣、現在癸運、化戊爲火、助日主生光、身煞旺而當權、開事理所當然矣、亥運衝開地戶、應離故國、持使節涉重洋、戊寅之歲、洩氣弱身、恐罹疾病、壬運以後亦坦達、

顧維鈞

字少川江蘇嘉定人、畢業於聖約翰大學、留學美國、爲哥倫比亞大學哲學博士、民國成立後、歷任國務院、總統府、及外交部、秘書、參事、編譯處主任等職、四年乙卯七月、代陳籙爲墨西哥公使、繼陞駐美公使、兼任古巴公使、己未一月、巴黎和平會議被任爲中國全權代表、爭論山東問題、拒絕簽字、名聲大著、庚申十月、代施肇基任駐英公使、十二月任國際聯盟會行政委員、出席於華盛頓會議、努力於收回山東權利問題、壬戌八月、授外交總長、十一月辭去、癸亥一月、張紹曾組閣、再長外交、甲子七月代國務總理、十月與顏惠慶共同下野、丙寅五月顏再組閣、氏亦長外交、冬繼杜錫珪復任國務總理攝政、北伐軍勝利、乃解去、辛未冬一度代國府外交部長、無何辭去、壬申國府畀以招待國聯調查團之任、癸酉授駐法公使、

顧氏清光緒十三年十二月十七日辰時生、逆行運至小寒二十三日又二時、扣八歲欠百天、逢乙庚寒露後交換、查譯其命、為

丁亥 甲申旬
癸丑 甲寅旬
己亥 甲午旬
戊辰 甲子旬

初八	壬子
十八	辛亥
二八	庚戌
三八	己酉
四八	戊申
五八	丁未
六八	丙午
七八	乙巳

全局分占四旬、羅括吉氣、財官包拱雙貴、顯達功名、五行以土為重、宜行金木之鄉、火土非利、在戌運衝開財庫、故尚能馳騁異域、折衝樽俎、其不利者、刲重刑堤、應傷妻耳、己運雖非佳、而逢金水流年、於是權位大展、丙寅之後、在火土年中、匏懸數稔、至壬申後金水復旺、雖改政體、而能再出、惟丙子後在戌運中、甚滯晦、其主久持使節、至庚辰年後、申運五年、財貴並臨、權位尤重、生平極盛

之時、五十九歲時則應驗懸、尤異者、分四旬而互衡、累次跋涉重洋、功名顯耀、更合於理、

周啟剛

字覺庸、廣東南海人、丙寅一月、被舉為第二屆中央執行委員會候補委員、歷任國民黨中央政治會議委員、國民革命軍總司令部黨代表、己巳三月、被舉為國民黨第三屆中央執行委員、任國民政府僑務委員會委員、現任國民政府委員、

周氏生於清光緒十四年二月二十八日戌時、順行運至清明二十四日又十時、扣八歲多百天、逢丙辛年小暑後交換、查譯其命為

戊子

乙卯

初九 丙辰
十九 丁巳
二九 戊午
三九 己未

庚辰　　四九 庚申　五九 辛酉　六九 壬戌　七九 癸亥

煞丙戌

日主合財，支下刑衝無定，爲主義奮鬭，良非等閒之人，時上透煞，頗可當重任，惟己未庚申二十年强身之運，進步殊緩，無飛黃騰達之象，所可慶幸者，無劣運耳，此後十餘年，名優利薄，

孫科

字哲生，廣東中山人，國民黨總理文子，美國哥倫比亞大學碩士，六年丁巳歸國後，助總理在廣州政府整理政務，歷任廣州時報總編輯，廣州治河處督辦，廣州市公所坐辦，十年辛酉任廣州市長，甲子辭去，十一月隨父北上，乙丑春，總理逝世後，遂至上海，國民政府改組任委員，丙寅一月第二次全國代表大會，舉爲中央執行委員，國民政府成立於廣州，被舉爲委員，更爲廣東省政府

委員、兼建設廳長、轉財政廳長、黃埔商埠督辦、十一月國民政府遷於漢口、任爲交通部長、轉財政部長、丁卯八月國府成立於南京、任國民政府委員、軍事委員會委員、交通大學校長、財政部長、冬辭去、戊辰與胡漢民等考察歐美政治出國、九月回國、十月任鐵道部長、建設委員會委員、庚午去之廣州、辛未冬一度舉爲行政院長、旋去職、壬申任立法院院長、

孫氏清光緒十七年十月初四日寅時生、逆行運至寒露二十七日又三時、扣九歲三十天、逢庚乙年立冬後交換、査譯其命爲

辛卯 祿
戊戌
乙未
戊寅

初十	丁酉
二十	丙申
三十	乙未
四十	甲午
五十	癸巳
六十	壬辰
七十	辛卯
八十	庚寅

九秋誕生乙木、枝葉枯槁、兼之財煞弱身洩氣過甚、卽歲時祿刃交持、秉賦亦非强建、財多身弱、故需印比扶身、自乙未至甲十五年中、助身取財、自能權重而利濯、庚午辛未流年、尅身太過、自多駁雜、未能得志、現在甲運、逢甲戌年、不及明年乙亥比肩爲優勝、交進午運合局、殊平常、進步甚緩、癸運五年、爲生平極盛之時也、

宋子文

江蘇上海人、美國哈佛大學、經濟學士、回國後、任廣東省政府秘書、廣州中央銀行行長、十五年丙寅一月、國民黨第二次代表大會、舉爲中央執行委員、丁卯十月、國府定都南京後、任國民政府常務委員、財政部部長、中央銀行理事、兼總裁、戊辰兼任建設委員會委員、己巳兼國軍編遣委員會委員、庚午九月、任行政院副院長、辛未七月在滬車站遇刺未中、旋丁內艱、十二月去職、壬申

一月復任、癸酉一月、代行政院長、四月以出席世界經濟會議、而遊歐美各國、八月歸、十一月辭財政部長職、任全國經濟委員會委員長、宋氏清光緒二十年十一月初八日卯時生、順行運至大雪三日又二時、扣一歲二十天、逢乙庚年寒露時交換、查譯其命爲

甲午 官貴
乙亥 文昌
庚辰 魁罡
印
己卯 財

初二 丙子
十二 丁丑
二二 戊寅
三二 己卯
四二 庚辰
五二 辛巳
六二 壬午
七二 癸未

甲己乙庚天作之合、天干化金土、二氣得生、天月二德呈祥、胎元命宮俱值太陽並帶財馬、總攬計政、而握財權、固由天授、日主庚辰誕當文昌健旺之候、寒金喜火、胎元命宮既帶太陽、歲支得午、與印相濟爲美、且柱中一旬三位、無煞

清官、專純極稱美異、格局實罕其儔、造化所鍾、非偶然也、然以財多身弱、終嫌木火而喜金土、故一入己運、得印生身、足以任財、此五年中、即由廣州中央銀行行長、出長財政、國民革命軍之北伐、及消滅異己諸役、軍糈戰費、無不賴彼籌措、應付裕如、不誤軍機者、誠難能也、十八年己巳後、交進卯運、正財雖當旺、微嫌身弱、即能不失權位、應付難關、亦非易易、且招疑忌、受人指摘、位雖崇隆、亦良善矣、辛未之歲、身弱逢刼、尚無所礙、惟未字會亥卯成全財局、惜當頭遇午相化、雖不失官、亦受牽動、是以本年應長行政院而僅為副也、天干既破乙庚之局、支又合歲、故交丙申月建、來滬遇襲擊、幾遭不測、幸申為日祿、能化險為夷、因亥卯未會木局之故、貪財懷印、礙及慈親、數由前定、壬子月建、翻然去職、蓋一為尅干、一為刑衝、歲時應受牽動、癸丑月建、身財並旺、即能復職、癸酉身財兩旺、頗佳、然酉特合座、動搖日主、漫游歐美之後、即行卸部務、與事實均符合、甲戌勞動奔走亦甚、不能十分得意、乙亥交足庚運、身强足任財官、權重位隆、可復舊觀、惟丙子丁丑兩年、均不利於春夏兩季、恐抱病耳、戊寅己卯大好、暢逸心胸、此後金土强身之運、極人世至尊、稱海內鉅富、

張乃燕

字君謀、浙江吳興人、瑞士日內瓦大學理學博士、歷任國立北京大學、北京高等師範學校、北京工業專門學校化學教授、浙江省教育會、會長浙江公立工業專門學校化學教授、大元帥府大本營參議、上海光華大學化學教授、國立廣東大學工科學長、江蘇教育廳長、江蘇省政府委員、十九年庚午任浙江省政府委員、癸酉特命爲駐比利時國全權公使、著有世界大戰全史、羅馬史等書、

張氏生於淸光緒二十年八月十九日寅時、其命爲

甲午　　初七 甲戌　十七 乙亥
癸酉　　二七 丙子　三七 丁丑
壬戌 財庫　四七 戊寅　五七 己卯
壬寅　　六七 庚辰　七七 辛巳

仲秋誕水、得其進氣、三干比連、秉賦不弱、足以任財、故有火局、取用不盡也、行運以火土財官爲最佳、子運多揮霍、經濟殊不裕、現在丁運、自應利達、丑運刑開財庫、雖重於權、亦恐傷內助、戊運化刦爲財、進益特多、當有奇遇、地位大展、此後均爲佳運、須流年上分優劣、總之彼之期望、正無窮也、

張歆海

字叔明、浙江海鹽人、美國哈佛大學文學博士、民國九年庚申、任華盛頓會議中國代表團隨員、歸國後、歷任國立北京大學、清華學校、東南大學、英文學教

授、上海光華大學副校長、兼英文學教授、庚午任國民政府外交部參事、國立中央大學文學院、外國語文系學教授、二十二年癸酉、特命為駐葡萄牙全權公使、甲戌六月、調駐波蘭兼捷克公使、

張氏清光緒二十四年五月初七日午時生、其命為

戊戌	初四 己未
戊午	十四 庚申
戊午	二四 辛酉
戊午	三四 壬戌
	四四 癸亥
	五四 甲子
	六四 乙丑
	七四 丙寅

天元一氣、地下三朋、全局純陽、成稼穡之象、此遇水運則富、遇木運則貴也、惟不宜久處南方、應防脾胃之病、現在壬運、逢水年、持節歐州、(屬水)人地既宜、自能克盡厥職、明年乙亥、尤可晉其地位、此後以戊運稍差、恐尅妻損財、(戊

寅己卯年不利） 癸亥十年、蒸蒸日上、既主為外交領袖、且可掌財權、甲運名位崇高、威聲遠播、

吳經熊

字德生、浙江鄞縣人、美國密切根大學法學博士、巴黎、柏林、哈佛大學、榮譽學員、歷任國立中央政治學校、及光華大學、哲學教授、國府司法部、編訂法典、審查委員、上海地方法院推事、臨時法院上訴院刑庭庭長、兼代院長、東吳大學法學院院長、兼教授、現任上海公共租界工部局顧問、中華民國憲法起草委員會、副委員長、並在上海執行律師職務、

吳氏清光緒二十五年一月十七日卯時生、查譯其命、為

己亥

丁卯 祿

初八 丙寅
十八 乙丑
二八 甲子
三八 癸亥

乙未　　四八　壬戌

己卯　祿　五八　辛酉

六八　庚申

七八　己未

四柱純陰、三宮結局、天干會作本庫、支下雙帶臨官、土木純而不雜、榮華顯貴、才食外向互生、才高名遠、以曲直仁壽論格、固清奇不凡、超特之品也、天干會未支宮結木、身財並旺、衣祿自豐、苟以王寵惠儲命相較、足以互相媲美、蓋王命亦純陰、與彼天干同三字、惟支宮半金、與全木不同耳、惟此命少衝、出國時當較王爲少也、五行喜水土、忌木火、甲運合己、故稍解其劣點、壯盛時二十年水運、如雨露滋苗、榮華清貴、逐步進展、可斷言也、惟富於名利、薄於權威、戍運滯晦、辛酉十年當大任、操重權、局勢更能展拓、庚運未利本主、其礙天年、

柏文蔚　以下以年歲長幼爲次

字烈武、安徽鳳陽人、安徽武備學堂畢業、清時雖服務軍界、嘗潛心於革命、辛

亥武漢起義、彼充徐紹楨部下第九鎮三十三標管帶、駐於南京、因率鎮江新軍、響應革命軍、總攻南京、時充浦口攻擊司令、第一軍團長、旋署理安徽都督、民國元年壬子七月、遂陞任安徽都督、兼民政長、癸丑六月、被袁世凱免職、遷爲陝西籌邊使、旋與黃興聯絡、起兵北伐、事敗、避至日本、乙卯夏、轉赴南洋、丙辰歸至上海、謀討袁、六月袁死、任黎元洪總統府軍事顧問、爲將軍府將軍、南北分裂、往來於滬。粵之間、爲國民黨努力、甲子一月、被舉爲第一屆中央執行委員、乙丑秋、在國民二軍胡景翼幕中、丙寅春以軍事部長駐北京、旋南下被舉爲第二屆中央執行委員、北伐時、蔣中正委爲第三十三軍軍長、活動於安徽一帶、國府定都南京、任軍事委員會委員、安徽省政府委員、嗣有左派嫌疑、被中央解職、其命爲

丙子

初十 丙申
二十 丁酉

乙未
丁丑 財庫
甲辰

三十 戊戌
四十 己亥
五十 庚子
六十 辛丑
七十 壬寅
八十 癸卯

夏火既旺、天干更木火交熾、日座財庫雖得力、終以行金水運爲佳、故戊運會全四庫生財、在辛亥年崛然而起、後經木火流年、均滯晦、亥運貴馬同鄉、活動順利、庚運化偏印爲財、權利均盛、應有所獲、現在子運合財解衝、失權滯晦、近來流年木火當旺、亦未見利、乙亥或可負重任、丙子春夏且防損財、此後平善、

程潛

字頌雲、湖南醴陵人、日本陸軍士官學校騎兵科畢業、民國元年壬子、任湖南都督府軍務司長、五年丙辰、以湖南護國軍總司令、逐湯鄉銘去、七月爲趙恒惕擊敗、遂退至粵邊、庚申十一月任廣東政府陸軍次長、癸亥三月任大本營

軍政部長、甲子九月、爲援湘總司令、乙丑任廣州國民政府委員、中央執行委員、兼以第六軍軍長、從蔣中正定粵、北伐時、奮戰於湖北江西一帶、曾任九江衛戍司令、武漢政治分會委員、丁卯春、以江右軍總指揮由皖攻克南京、任防守總司令、國民政府遷寧、任委員及軍事委員會委員、其秋、奉命西征、擊敗唐生智軍、任武漢政治分會委員、代其任湖南省政府委員、兼主席、戊辰四月以壟斷湘政、爲政府免職查辦、拘留首都、十一月釋出、其命爲

壬午 祿
癸卯 偏官
己巳
辛未

初二 甲辰
十二 乙巳
二二 丙午
三二 丁未
四二 戊申
五二 己酉
六二 庚戌
七二 辛亥

己土春生、雖未當令、而支宮聯成火局、殊可生身任財、以干頭金水洩氣過深、

故結氣嫌弱、在戊運化癸水爲印、身强足以任煞、是以能當重任、握兵柄、丁卯之歲、化歲財透煞用神大顯、乃能建殊勳、領疆寄、至戊辰塡實財庫、刦旺耗財、在申運化刃洩氣、於是潰敗矣、現在己運、惟乙亥年尙佳、餘無可取、酉運衝卯損用、息影爲是、

劉鎭華

字雪亞、河南鞏縣人、以淸之秀才畢業於北京法政學堂、歷任河陝汝道、山東第十二旅旅長、民國三年甲寅、率領鎭嵩軍討白狼匪、進駐河南、丙辰時爲陝西陸軍第五混成旅長、戊午率隊入陝、援助陳樹藩、戰敗于右任之靖國軍、授爲陝西省長、辛酉助閻相文督陝、壬戌五月、繼馮玉祥爲陝西督軍、兼省長、編練鎭嵩軍、自爲總司令、甲子冬、憨玉琨爲胡景翼擊敗、鎭華以兵繼之亦敗、遂退陝南、丙寅六月、復起攻國民二軍李雲龍部、圍西安兩月、其秋克之、冬馮玉

祥由甘肅內侵攻西安、鎮華率軍退豫西、丁卯夏投馮玉祥、任第二集團軍第八方面總指揮、兼第二十五軍軍長、戊辰任河南省政府委員、兼建設廳廳長、北平政治分會成立、任委員、己巳任討逆軍第十一路總指揮、庚午任豫陝晉邊區綏靖督辦、辛未任賑務委員會委員、癸酉夏繼陳調元任安徽省政府委員兼主席、

劉氏生於清光緒九年九月初七日寅時、逆行運至白露二十七日又九時、扣十歲欠百五十天、逢癸戊年立夏後交換查譯其命爲

癸未 貴人
辛酉
甲申
丙寅 祿馬

初十	庚申
二十	己未
三十	戊午
四十	丁巳
五十	丙辰
六十	乙卯
七十	甲寅
八十	癸丑

四柱分旬、祿馬同鄉、爲本命之佳處、然五行終嫌金强木弱、以取火鎔金爲本、故丁巳運駁雜雖多、終不消失實力、巳運會爲三刑、頗危殆、幸己巳年流年合主、歲運妒刑、解其危難、化險爲夷矣、近逢金水流年、足以生木、且丙運化官爲印、鎭攝一方、可爲盛極、此後戊寅年主他調、佳運可至花甲、惟辛巳年、恐不免於病患或去職、

李烈鈞

字協和、江西武寧人、日本陸軍士官學校砲兵科畢業、歸國後任雲南陸軍軍事教官、辛亥革命、與蔡鍔唐繼堯在雲南響應、嗣返江西、任同盟會江西支部部長、奉江西北伐軍、作援湘軍司令、民國元年七月、代馬毓寶爲江西都督、癸丑七月、以袁世凱壓迫國民黨、乃以江西獨立、揭幟討袁、爲李純軍擊敗、避至日本、旋遊法國、甲寅歸至新嘉坡、乙卯至雲南與蔡鍔等、進行討袁、以第三軍

總司令、出動於廣西、丙辰五月、以廣東軍務院撫軍、率部駐肇慶、後隨孫總理左右、進行革命、庚申九月、任廣東政府參謀部長、壬戌五月、以北伐軍中路總司令、出發江西、占領贛南一帶、因陳烱明背叛、退歸至上海、癸亥至粵、任閩贛邊防督辦、甲子一月、國民黨第一次大會、舉爲中央執行委員、十月命使日本、十一月段祺瑞執政、授爲參謀總長、至北京聯絡馮玉祥、加入國民政府、丙寅一月、國民黨第二次大會、舉爲中央執行委員、己巳爲候補監察委員、其命爲

癸未
癸亥 祿
壬申 長生
庚戌 財庫

初六	壬戌
十六	辛酉
二六	庚申
三六	己未
四六	戊午
五六	丁巳
六六	丙辰
七六	乙卯

命書云、獨水三犯庚辛、號曰體全之象、此雖不同、而水秀金淸亦可貴也、結氣

可稱强盛、宜行火土運、惟金水亦宜、蓋陽水陽金、足以同化成格、陰水陰金非利、其壬子年、權利均重、癸丑失敗、卽此、己未十年、本不差、惜乎流年間有欠美、此後在火土運、頗佳、不宜見金水年、見則遜色、戊寅年、駁雜甚多、尚宜安守、

李濟琛

字任潮、廣西蒼梧人、北京陸軍大學畢業、累遷至第四軍第一師參謀長、第一師師長、乙丑冬、從蔣中正攻陳烱明有功、十五年丙寅一月、國民黨第二次會議、擧爲中央執行委員、北伐時、任第四軍軍長、兼總司令部參謀長、出動於湘贛方面、丁卯春、國府定都南京、任國府委員、兼軍事委員會常務委員、江蘇軍務委員、八月以第八路總指揮留守廣州、十一月、因事來滬、共黨遂倡亂於廣州、旋經陳銘樞督各軍近討平之、戊辰事定、迎李氏回粵、任廣州政治分會委員兼主席、廣東省政府委員兼主席、戊辰以不容於陳銘樞、遂來京任參謀本

部部長、建設委員會委員、己巳庚午間、困於南京一年之久、辛未陳濟棠既代陳銘樞爲廣東主席、乃回粵、

李氏生於清光緒十一年九月二十四日未時、查譯其命爲

乙酉
丙戌
己未
辛未

初九 乙酉
十九 甲申
二九 癸未
三九 壬午
四九 辛巳
五九 庚辰
六九 己卯
七九 戊寅

全局火土炎燥、宜行金水運爲佳、木則次之、故少運不惡、至壬運化木、財官兩旺、投其所需、轉戰嶺南、功業顯赫、理所宜然、至午建祿強身、失權賁事矣、現在辛運、化丙爲財、潤澤全局、此五年中、氣象當振、尤以乙亥歲爲最利達、丙子丁丑兩年、以秋冬爲佳、餘無可取、總之此造如多假彼水運、座鎮一方、可期久遠

矣、

陳調元

字雪暄、河北安新人、北洋武備學堂畢業、民國二年癸丑、從馮國璋南下爲憲兵司令、庚申九月以第五混成旅旅長、代張文生爲徐州鎭守使、旋幫辦江蘇軍務、癸亥以處理臨城匪案有功、授和威將軍、蘇皖魯豫剿匪司令、甲子秋、江浙戰爭、陞第四師師長、其冬奉軍南下、乃聯奉逐齊燮元、段祺瑞令幫辦江蘇軍務、乙丑秋、聯孫傳芳逐走楊宇霆、其冬任安徽總司令、丙寅冬從孫傳芳禦革命軍於鄂東、失利、直魯軍復逼之前進、革命軍既入皖、乃投順蔣中正、任爲第三十七軍軍長、丁卯二月、國府遷立於南京、被選爲委員、及軍事委員會委員、戊辰革命軍北攻、克北平、選爲北平政治分會委員、己巳編遣後、改任第四十七師師長、庚午爲山東省政府委員兼主席、辛未調至安徽、癸酉春、劉鎭華

代之現任剿匪司令、其命爲

丙戌
己亥
丙子
壬辰

初九　庚子
十九　辛丑
二九　壬寅
三九　癸卯
四九　甲辰
五九　乙巳
六九　丙午
七九　丁未

亥子辰結氣透出偏官、即以爲用、全局了無可貴、僅戌亥之天門帶貴、爲其吉星、每遇危難、能化險爲夷也、行運亦平常、卯運刑子、自應下野、甲運當再起、辰運五十七歲壬午歲干支尅衝、應防危阸、宜自注意、

商震

字啓予、河北保定人、北洋陸軍大學畢業、投閻錫山麾下、擢至山西陸軍第一師師長、十五年丙寅、與直奉軍擊退馮玉祥之西北軍、授綏遠都統、丁卯任革

命軍第三集團軍、第一軍團總指揮、戊辰參與攻取北京有功、任軍事委員會委員、北平政治分會委員、河北省政府委員、兼主席、己巳任第三屆中央監察委員會、候補監察委員、庚午閻錫山抗中央失敗、遂領其衆、爲山西省政府委員、兼主席、及民政廳長、

商氏生於清光緒十四年八月十六日子時、順行運至寒露十七日又三時、扣六歲欠九十天、逢己甲年大雪後交換、查譯其命爲

財	戊子	貴人
殺	辛酉	
	乙未	
	丙子	貴人

初七	壬戌
十七	癸亥
二七	甲子
三七	乙丑
四七	丙寅
五七	丁卯
六七	戊辰
七七	己巳

四旬分旬、統籠吉氣、貴人雙挂、危難易平、月日拱財庫、衣祿豐隆、正財生偏官、

威權喧赫、凡上所舉、均爲顯貴之徵、作一方之主有餘裕也、行運壯年子乙均不差、丑運合歲衝座、並旺財官、故能轉危爲安、終於獲福、現將交丙運、化煞成印生身、投其所好、惟職位雖顯、恐卸兵權、乙亥丙子流年尚佳、不致實現、丁丑非宜也、此後除丁運外、餘均能功業顯達、總之此命最利於北方燕趙之地、尤以晉爲子支分野、乃本命六乙鼠之地也、他去欠佳、

賀耀祖

字貴嚴、湖南寧鄉人、日本陸軍士官學校輜重兵科畢業、初隸趙恆惕部下、爲湖南陸軍第一師第一團長、五年丙辰、擢至第一旅長、癸亥從攻譚延闓軍、去職後、爲湖南暫編陸軍第一師師長、丙寅一度任護湘軍總指揮、其冬從蔣中正北伐、攻取湖北江西、任爲革命軍第四十軍軍長、丁卯攻入南京、任爲第一集團軍第三縱隊總指揮、定都後、任南京衛戍司令軍事委員、政治會議委員、

戊辰四月、大舉北伐、率四十軍參加有功、以所部在濟南與日兵衝突、遂免軍長職、以毛炳文代之、改任訓練總監部副監、及湖南省政府委員、兼建設廳長、庚午任國民政府參軍長、其命爲

己丑
己巳
己卯 煞
戊辰

初十	戊辰
二十	丁卯
三十	丙寅
四十	乙丑
五十	甲子
六十	癸亥
七十	壬戌
八十	辛酉

此艁亦可以稼穡論格、喜水木而忌火土、雖座下偏官力薄、亦可取以爲用、自寅初至乙尾十年運、頗重於權、惟乙運內金土流年、爲本命不喜、難十分得意、現在丑運、雖有所就、亦主滯晦、惟乙亥之歲、流年大利、可握重權、以甲運爲最佳、能當大任、子運以後、進益頗豐、晚福隆盛、

陳濟棠

字伯南、廣東防城人、廣東軍官學校畢業、初在李濟琛部下由營長累遷至第四軍第二師師長、第四軍軍長、廣東省政府委員、廣東陸軍第一師師長、丙寅從蔣中正攻廣東異軍、出動於南路屢勝、丁卯任討逆軍第八路總指揮、十九年庚午、以兵逐走陳銘樞、乃任廣東省政府委員兼主席、西南政治分會委員、兼主席、癸酉兼剿匪軍南路總司令、

陳氏清光緒十六年正月二十三日寅時、順行運至驚蟄二十一日又八時、扣七歲多八十天、逢丁壬年立夏後交換查譯其命爲

煞 庚寅 祿馬
戊寅 祿馬
甲子 印

初八 己卯
十八 庚辰
二八 辛巳
三八 壬午
四八 癸未
五八 甲申

丙寅 祿馬

六八 乙酉
七八 丙戌

四柱純陽、五行不雜、天干會爲三奇、支宮挾拱雙貫、偏財資煞於干頭、日祿扶身於支位、鎭攝邊圻、聲威喧赫、指揮軍旅、壓服羣倫、祿馬同鄉、三見支位、天馬行空、同聚干頭、是能祿享千鍾、名播百載也、惟身強者、宜行財官運、以金土爲宜、而水次之、彼巳運殊不見佳、然財煞得祿、與長生、尚可戰勝攻取、換入壬運、五行齊備、佳境環生、故庚午天尅地沖、頗刑危殆、苟非三祿扶身、難一躍而起、經過金水流年、其權尤重、地位安穩、現在午運、流年甲戌、會火局以焚身、本歲殊宜自愼、勉力鎭定、勿爲人惑、明年乙亥甚利、居處均安、癸運己卯之歲、有損財失職之象、及期宜愼、餘以未運爲最佳、

唐生智

字孟瀟、湘南寶慶人、保定軍官學校畢業、初隸湖南督軍趙恆惕部下、歷擢至

第四師師長、民國十二年癸亥、擊退譚延闓軍、任湘南鎭守使、丙寅三月起逐趙去、進據長沙、旋敗退至衡陽、乃投革命軍、蔣中正委爲第八軍軍長、復攻占長沙、任湖南省政府委員兼主席、九月隨革命軍北伐、攻占武漢、任國民政府委員、軍事委員會委員、丁卯秋、以袒護共產黨、出兵東下侵贛皖、國府出兵討之、西征軍屢捷、下武漢、生智退入湖南、部下亦解體、戊辰復入國府、任軍事參議院院長、己巳春、任國軍編遣委員會常務委員、兼編組部主任、討逆軍第五路總指揮、

唐氏生於淸光緒十六年九月十八日卯時、順行運至立冬、七日又七時、扣二歲一百九十天、逢癸戊年立夏前交換、查譯其命造、爲

庚寅　初四 丁亥　十四 戊子

丙戌　二四 己丑　三四 庚寅

乙酉　　　四四　辛卯
　　　　　五四　壬辰
偏財 己卯 祿　六四　癸巳
　　　　　七四　甲午

乙木誕於九秋、凋殘殆盡、干頭官傷征戰、爲病實多、歲月均無可取、僅日座偏官自守、時上偏財並逢日祿、似爲權利優隆之象、惟官傷征戰者、不能持久、雖成易敗、可任閒職、領疆圻未合也、雖然彼行運未可輕視、現自辛化丙、成水生身之後、十五年水木强身之運、進步獨多、官階展拓、方興未艾也、明年乙亥爲辛運最佳之年、丙子不利、宜甯靜自守、此後均可遷陞、

朱紹良

字一民、福建閩侯人、日本陸軍士官學校礮兵科畢業、歷任貴州陸軍第一師參謀長、貴州靖國軍參謀長、重慶衞戍司令官、十五年丙寅、在蔣中正下任革命軍總司令部參謀長、丁卯任陸軍第八師師長、從戰有功、定都後、任軍事委

員會委員、兼軍事廳長、嗣任討逆軍第六路總指揮、壬申授爲陝西省政府委員兼主席、其命爲

辛卯 貴人　　初三 丁酉
戊戌 財庫　　十三 丙申
壬申 長生　　二三 乙未
庚子 羊刃　　三三 甲午
　　　　　　四三 癸巳
　　　　　　五三 壬辰
　　　　　　六三 辛卯
　　　　　　七三 庚寅

秋水得金生結氣、彌旺、天干庚壬戊會作長生、與座下相得益美、四柱俱逢吉神、自主顯貴、行運利木火無疑、午運財官銜刃、握兵柄而立戰功、所向無敵、癸運化燄爲財、投其所好、權利自優、癸酉頗多危機、幸已安度、現在木火流年、自能利達、巳運尤佳、惟將他調、壬運後平常、

張學良

建威上將軍、東三省保安總司令、作霖長子、字漢卿、遼寧海城人、由東三省陸軍講武堂卒業、民國八年己未七月、授陸軍砲兵上校、十二月任奉天暫編第三混成旅第二團團長、庚申六月、陞奉天陸軍第三混成旅旅長、兼航空處長、遷至二十七師師長、辛酉秋、與張作相赴日本觀秋操、十一年壬戌春、奉父命率部入關、以第二梯隊隊長、與直軍領袖吳佩孚戰於津保間、因右翼張景惠軍潰、被累敗績、遂退歸、甲子秋、吳佩孚攻奉、氏以鎮威軍第三四方面軍團長、禦之於榆關、會馮玉祥聯奉倒吳、乃得入關、陳兵北甯路、乙丑冬、部將郭松林叛變、舉兵攻奉、事急、學良招撫其部卒、破之於新民屯、並前司法總長林長民、均擊斃之、丙寅春、聯直軍吳佩孚攻馮玉祥之國民軍、進占北平、奪南口、皆有功、遂陳兵平漢一帶、其冬移駐平漢線、繼因閻錫山響應革命軍、遂與晉苦戰、圍攻涿州、丁卯三月入豫、與靳雲鶚戰、佔鄭州、戊辰五月革命軍北伐、直魯聯軍敗退、既受其牽動、而馮玉祥之西北軍由陝入豫逼之、乃奉父命撤兵、至平津一帶、六月作霖自津回奉、于皇姑屯被炸死、氏自北平乘飛機奔喪回瀋陽、東北將領擁之、繼爲東三省保安總司令、加入國民黨、擁護中央政府、遂爲國民政府委員、東北政務委員會委員長、十八年一月九日、發現僚屬楊宇霆常蔭槐危害於己之陰謀、遂邀而鎗殺之、閻錫山爲革命軍擊敗、氏聲援有功、乃就陸海空軍副司令職于北平、並兼東北邊防司令長官、二十年辛未秋、石友三在平漢路叛變、中央氏奉命率部入關討平之、遂留守北平、而日本關東軍、藉口解決中村事件及懸案、于九月十八日、派兵夜襲瀋陽、陸續佔領吉林黑龍江三省全境、駐軍奉令未抵抗焉、壬申冬、日軍進攻熱河榆關、與戰失利、癸酉春、熱河既陷、灤東繼失、日軍進迫平津、部隊莫能禦、遂解職由滬出國、以考察航空軍事、遍歷歐州、甲戌春歸國、中央受爲贛鄂豫皖四省剿匪總司令、駐

節漢皋、

張氏生於清光緒二十七年四月十七日酉時、逆行運至立夏二十八日又二時、扣九歲多百四十天、逢庚乙年寒露後交換、查譯其命爲

辛丑
癸巳 貴人
壬子
己酉

初十 壬辰
二十 辛卯
三十 庚寅
四十 己丑
五十 戊子
六十 丁亥
七十 丙戌
八十 乙酉

壬水坐刃、支會結成金局、透出干頭、生身有力、月提刦財有氣、時上正官無力、汪洋浩瀚、泛濫堪虞、雖屬金清水秀、如逢金水之鄉、亦難免破敗、此喜木火土之明證也、月日時三干得貴、歲辛更得祿長生、佳處微小、須從大運分優劣、辛運壬戌年敗、於吳佩孚、甲子因子合丑故、免强稱盛、乙丑得土、交卯運擊敗郭

松林、在卯運中戊辰年雖遭大敵、然能繼承父業、尙不失爲佳運、已巳庚午火土均旺、在卯運貴人之鄉、爲其極盛時、辛未在庚運、秋季金旺水溢、於是崩潰、損國敗家、均逢其會、可爲大不幸矣、壬申癸酉流年、金水更旺、遂不能容于華北、今年甲戌、木火旺矣、漸將恢復權勢、明年巳亥、交進寅運、木火建强、自能振作、因其刑貴之故、恐多奔馳勞碌耳、此後己丑戊十五年、財官當令、權重貴高、十分坦達、多成少敗、

駝齋按、東四省之失、人多責難學良不抵抗、其實彼固因抵抗招忌而失也、自戊辰其父被炸、歸順中央、外交事件、聽命國府、以避免中國分裂、擴充軍實、鞏固國防、築路開港、抵制南滿鐵路、此均預備抵抗而促速亡之道、苟彼置父仇不顧、親日媚外、尙可保持地位、然四省國土、未必不失、爲期僅緩耳、學良遭逢大敵、求治過急、逢劣運之會、當劇變之衝、不免國人交責、亦事理常情、惟外侮

橫施、須能永久抵抗、非一人力所易爲、願今後人人自勵、共同反省、不期待於一人、以整個中國民心、共負安危之責、奮鬪到底、國土雖失、可復得也、

定命錄

中編

駝齋張一麐編著

吳佩孚

字子玉、山東蓬萊人、清時以秀才從軍、隸聶志清麾下、庚子聶死、入保定武備學堂、畢業後充張敬堯陸軍第七鎮統制部下差遣官、後與張不合去、靳雲鵬薦與曹錕爲第三鎮管帶、及第六協統領、時在常春、辛亥革命、隨曹入關、民國二年癸丑、陞第三師砲兵第三團長、二次革命、由京畿駐岳州、甲寅升第六旅長、乙卯秋、隨曹入川、丙辰夏歸至保定、代理師長、戊午夏、隨張懷芝爲援粵副司令、出動於湖南、以直隸軍前敵總司令、一戰佔岳州、繼克長沙、戍衡陽、授孚威將軍、庚申六月、撤師還保定、八月直皖戰起、以討直軍總司令、大敗皖軍於高牌店、授上將軍、辛酉湘軍趙恆惕攻鄂、督軍王占元逃、佩孚率軍援之、敗湘軍於汀泗橋、克岳州、晉兩湖巡閱使、壬戌五月、奉直不睦、張作霖縱兵入關、佩孚以總指揮奉兵擊之、戰於津保間、勝、逐之於榆關外、改授直魯豫巡閱副使、駐節洛陽練兵、癸亥十一月、曹錕爲總統、佩孚晉正使、甲子十月、張作霖以兵應浙、佩孚以討逆軍總司令、率軍二十四萬人攻之、戰於榆關、會第三軍司令馮玉祥撤兵、據京師、佩孚回兵擊之、挫於楊村、奉軍旣逼于前、魯軍更叛于後、精兵盡失、乃棄隊浮海回鄂、居岳州兵艦中、乙丑十月、起立討賊聯軍司令部于漢口、自爲總司令、丙寅三月、縱部攻豫、戰勝、復有中州、乃北上聯奉、與張作霖會于北京、討馮玉祥無功、八月得奉軍助、方下居庸關、已南下禦革命軍、會岳州新失、敵逼武昌、佩孚乃以兵擊之于汀泗橋、敗績、退至武昌、九月鎭守使劉佐龍以漢陽叛、乃退河南、十二月馮玉祥軍由陝出潼關、佩孚率部禦之、丁卯正月部下靳雲鶚留豫南不進、安國軍更渡黃河、二月靳挾佩孚抗安國軍

于鄭州、三月部下損失俱盡、乃經鄂西入川依楊森、居重慶、戊辰移居大竹、任川五年、壬申應張學良召、經陝移居北平、

吳生于清同治十三年三月初七日卯時、其造命爲

甲戌　戊辰　己酉　丁卯

全局火土均滯重、徵嫌炎燥、設非支宮衝動、蘇發其土、則庸碌人耳、太歲正官得三春之旺氣、足制戊土刦財、可取爲用、餘則無可貴之象、方其兵威强盛時、除東三省外、全國已受其控制、設攻奉成功、則時局當又一變矣、吳之繼曹錕爲元首、自在意中、顧其命之結構有不然者、四柱乏祿貴長生、是無福也、透刦缺水、是無財也、衝煞損印、無位也、乏此三者、僅恃戰勝之聲威、自不得成正業、徒勞身心耳、自交申運、臨于財貴、卽能得曹錕之拔識、而信用之、遂統第三師、每戰皆捷、四十七歲、直皖之戰、四十九歲、直奉之戰、均能以少破衆、成功于人

意料外、亦生平得意時也、蓋四十五至五十歲爲癸運、燥土得水潤、自成沃野、况化刦成印、自能總握兵符、流年更逢金水、當可威振華夏、癸亥歲、歲運並臨、爲威權極盛之時、五十一歲交進酉運、衝合偏官、流年甲子合日刑時、主本動搖、乃受挫于馮玉祥、功敗垂成、丙寅歲本可再起、然酉運傷官煞、實力微矣、甲運不惡、本可再起、以與主化合、故無可用、六十一歲甲戌、如無礙天年、則乙亥年尙可受重任、壽至六十六歲、

毓齋按、自來之能統一國家、務須有福、有權、有威、福卽幸運、權卽實力、威爲功業名望、缺一不能成大業、當甲子秋、吳氏威望震國中、軍閥均能聽指揮、征奉之時、徵集海陸軍二十四萬人、爲內戰已來所僅見、威與權可爲極盛矣、惜乎福未之濟、卒有馮氏之變、故余曰袁世凱對內對外無戰功、（二次革命抵抗力薄不在此例） 少威、段祺瑞實力不充、少權、吳佩孚窮兵黷武、少福、信然也、

張作霖

字雨亭、奉天海城人、少爲羣盜、驃悍冠其曹、衆推爲冠、名著遼瀋間、後受張錫鑾招致、編爲騎兵營、任營長、捕盜屢捷、光緒末、已擢至游擊巡防軍統領、駐節鄭家屯、宣統末、移瀋陽、民國成立、編制陸軍、改稱二十七師師長、丙辰四月、逐段芝貴去、以盛武將軍、暫督奉天軍務、七月特任爲奉天督軍、兼省長、丁巳夏、助鮑貴卿爲黑龍江督軍、八月兼二十八師師長、十月免師長兼職、戊午九月授東三省巡閱使、已未調鮑督吉林、助孫烈臣督黑龍江、乃統一三省、庚申七月晉鎮威上將軍、直皖之戰、出兵助直、辛酉兼滿蒙經略使、壬戌五月、與直軍戰于津保間、敗退出榆關、甲子秋、蘇浙戰起、以東三省保安總司令、統鎮威軍應浙、吳佩孚受曹錕命、率直軍攻之、相持于榆關、會馮玉祥背吳聯奉、乃得乘勢入據天津、南向佔魯皖蘇三省、陳兵淞滬、乙丑九月、孫傳芳襲奉軍、下金陵、乃退至魯省、冬、部下李景林又爲馮玉祥之國民軍擊敗、十一月部下郭松齡叛變、奉師攻瀋陽、未幾徵軍討平之、丙寅四月部下李景林張宗昌等擊退國民軍、奪回天津、更進兵攻京師克之、復助討賊軍擊國民軍下居庸關、遂下察哈爾綏遠二區、十一月孫傳芳抗革命軍不利、失潯陽、作霖整隊鎮天津、將士擁之入京就安國軍總司令職、遂縱軍下浦口、時吳佩孚留豫中不進、丁卯二月遂通電出兵河南、南向禦革命軍、會靳雲鶚以兵憑河來拒、乃與戰、三月陳調元變叛于皖、張宗昌更失滬甯各地、退據浦口、四月攻入豫南、幾下信陽、會張宗昌失浦口蚌埠、馮玉祥出潼關、唐生智出武勝關、乃退兵黃河之北、五月將領擁之、通電討赤、就海陸軍大元帥職于北京、旋閻錫山響應革命軍、出兵娘子關大同石家莊、下涿州、乃圍攻涿州、三月不能克、後和解以去、戊辰五月、革命軍大舉北伐、攻克濟南、部下張宗昌敗潰不可收拾、馮玉祥軍更由京漢路北進、奉軍三面受敵、苦于應付、會五月三十日日軍在濟南逞凶、慘殺我交涉使蔡公時、外侮急迫、乃撤兵回奉、于六月三日離北京出關、十五日行至瀋陽皇姑屯旱橋下、地雷爆發、與黑龍江督軍吳俊陞同死之年五十四歲、子八人、長學良官至國民政府委員、陸海空軍副司令另有傳、

張氏生于清光緒元年二月十二日丑時、逆行至驚蟄十二日又十時、扣四歲多一百天、逢乙甲年芒種後交換運、其造命爲

乙亥　己卯　庚辰　丁丑

此造之所顯貴者、在八字同旬、別無徵象也、以通常觀之、似嫌財多身弱、不宜再行木運、此卻不然、蓋歲月之財已壞月干正印、不足爲本身害、日時支土重生身、根固可任官星、故此命宜分前後論、歲月爲少壯時、是本命所忌、故出處寒微、日時强身任官、當中晚年乃漸騰達、爲一方之主、行財運正官用顯、自能

威權日盛、惟庚座辰宮、爲魁罡之位、且取爲元神、故不宜衝、壬戌之敗、可見一班、然實力尚無大損、至戊運則駁雜多矣、戊辰卒以歲運相衝故、死于地雷、蓋戊爲火庫、遇衝曝發也、然此命至癸運傷害官星、亦未利、自甲運後無運矣、駐齊按、此命僅木運十五年坐鎮一方、威名喧赫、苟能知命自守、則甲子戰後不必派隊入關、從事于三省之國防建設、而聽命于中央、使暴日不得逞、強俄不能侮、則身家或可保、而其後三省必不淪陷如是之速也、

馮玉祥

字煥章、安徽巢縣人、清時肄業教會學堂、繼入保定軍官學校、充武衛右軍差遣、後充新民府第一協八十標第十四團第三營管帶、宣統末擢至第八營管帶、辛亥謀響應革命軍、事洩免職、後投陸建章部下、改編爲京畿憲兵營長、民國二年癸丑、升團長、三年隨陸入豫、剿滅白狼匪、升任第十六混成旅旅長、乙

卯丙辰、隨陳宧駐四川、其夏北上駐廊房、丁巳夏、張勳復辟、以支隊長從段祺瑞參加討伐、戊午正月、以對南主和、反對段派令免職、旋開復、十一月授湘西鎮守使、辛酉調駐北京廊房、旋隨閻相文入陝、逐陳樹藩、改編爲第十一師師長兼全陝陸軍總指揮、無何相文暴卒於官、玉祥遂擢爲陝西督軍、壬戌五月奉直初戰、奉吳佩孚命率師入豫、警備後方、直軍既破奉、豫督趙倜叛直、玉祥以兵剿平之、殺師長寶德全、移爲河南督軍、無何爲吳佩孚所忌、開督軍缺、改爲陸軍檢閱使、率部駐近畿一帶、癸亥五月、任西北邊防督辦、六月逼黎元洪退位、甲子秋、直奉再戰、以第三軍總司令、督隊出熱河、十一月聯奉囘兵、據京師、改稱國民軍總司令、本部稱國民第一軍、十二月闓淸故宮、逐遜帝溥儀、段祺瑞執政、授西北邊防督辦、十四年乙丑十一月、聯奉將郭松林擊奉軍、自以兵逐李景林、戰于北倉克之、下天津、抵滄州、丙寅岳維峻旣失豫、直魯聯軍反攻滄州、本部戰不利、敗退至天津、三月退至京師、直奉軍共圍之、四月棄守居庸關、直奉軍共猛擊之、苦戰百餘日、八月遂不守、連退至綏遠、再退入甘肅、當西北軍苦戰時、氏已宣言下野、赴俄國考察軍政、所部由張之江指揮、冬因南聯革命軍、擊吳佩孚、自以餘部入陝、逐劉鎮華去、奄有陝甘、遂兼整飭部屬、以窺豫、丁卯任國民政府委員、四月出潼關、佔洛陽、據鄭州、戰數月、乃有河南全境、秋四次中央全會推為軍事委員、安徽省政府委員、及西北國民革命軍總司令等職、旋又任河南省政府主席委員、旋與奉魯軍鏖戰經年、戊辰五月革命軍大舉北伐、分任為第二集團軍總司令、抵定山東、氏亦舉兵北攻大名、會奉軍撤退、乃與蔣中正閻錫山會師北京、五中全會開幕入京列席、十月改設五院政治會議、推為軍務院長、己巳北返、舉兵與中央戰於徐州開封間、相持數月、庚午軍潰、入晉依閻錫山、所部均分駐華北各地、壬申移駐于張家口、癸西春、日軍既佔熱河、威脅平津、中央派黃郛與日議停戰事成、氏忽令所部方振武吉鴻昌攻多倫、而以抗日名義相號召、以無實力、終未得逞、其秋讓察哈爾防地與部屬宋哲元、自則赴魯依舊部韓復渠、居泰山、

馮氏生于清光緒八年九月二十六日午時、順行運至立冬一日又四時、扣一百六十天交運、癸戌年清明後交換其命、爲

壬午　庚戌　己酉　庚午

傷食包圍日主、爲全局之病、歲時兩祿扶身、差可鎔金自潤、然顯貴尚不在此、蓋逢其會也、中行二十年木運、官煞互見、似不見佳、然寅運會全火局、以去傷食之病、乃能展其權位、乙運乙丑之歲、化傷去病、乃能盛極一時、丙寅之初、木旺傷官見官破格、故失平津、冬奄有西北兩省、亦寅午戌會局也、至卯運衝合無常、駁雜不安、致與中央抗爭、失其權勢、蓋亦數耳、丙丁兩運、尚不差、丙運乙

亥歲驛馬巳動，或將任職遠行，至丁運可受人擁戴，惟辛巳之歲，在辰運，仲春殊未利，過此壽尚悠久。

跣齋按：馮氏在甲運中，任第十六混成旅長，五年未獲超遷，一度爲段祺瑞免職，幾失軍柄，蓋甲運合去，尚非佳運也。以其統軍久，能與士卒共苦甘，頗爲部下愛戴，於是以一旅之衆，擴至十餘萬人，餉源雖匱乏，紀律尚嚴明，故當時有稱爲模範軍者，惜乎爲環境支配，捲入內戰漩渦，艱苦備嘗，結果終成瓦解，苟當督陝時，或丁卯入陝之後，據潼關自守，委中州與中央，而聽命於國府，爲開發西北是務，行兵工政策於陝甘，國計民生，兩得其益，雖當卯運，亦可安度，況留實力於西北，至丁運德望崇高，自能受人擁戴，何必圖東南財賦地哉。

閻錫山

字百川，山西五台人，幼侍父讀書，弱冠時，始赴太原入陸軍學堂肄業，光緒三十四年戊申、赴日本入士官學校、畢業第六期步兵科、時已入中國同盟會、願努力於革命事業、返國後、充山西講武堂長、旋被任爲步兵標統、及新軍四十三協統領、時在山西組織同盟會支部、以宣傳革命、宣統辛亥秋、武昌革命軍起、氏在晉北響應、擊斃清巡撫陸鍾琦、被推爲臨時都督、民國元年壬子、政府遂任爲山西都督、丁巳兼省長、自任都督後改爲將軍、督軍、凡十五年、國內戰禍頻興、迄未參與、丙寅春、以馮玉祥屯兵西北圖晉、遂加入直魯聯軍討赤、得奉軍力、遂逐馮出晉輿、丁卯五月加入國民政府、被舉爲委員、革命軍北方總司令、秋張作霖既任海陸軍大元帥、欲錫山絕南而向北、未遂、乃開戰、初晉軍襲占張家口、後屢敗失大同、退守雁門關、東路軍占涿州、奉軍圍三月方下之、冬以得馮玉祥助乃能反攻、戊辰春、革命軍大舉北攻、編全國軍隊爲四個集團軍、任氏爲第三集團總司令、五月蔣總司令攻克山東、復會同一二三軍直下天津北平、遂推爲平津衞戍總司令、爲北方之屏障、除任以上之職務外、更兼中央執行委員、中央軍事委員會委員、山西省政府委員、兼主席、中央政治會議山西分會委員兼主席、己巳任山西綏靖主任以陸海空軍副司令、助中央討伐馮玉祥、庚午夏以抗中央命戰敗解職、所部均聽編制、受河北軍分會指揮、

閻氏生於清光緒九年九月初八日亥時、逆行至白露三十日又六時、扣十歲六十天交行、癸戌年大雪後互換、譯其體命爲

癸未　辛酉　乙酉　丁亥

乙木誕於深秋、多肅殺之氣、結氣非強、故宜取木火制煞強身之運、壯年行火運、傷食制煞、假煞爲權、威震北疆、祿位悠久、命運相濟、盡美善矣、惟乙木陰柔喜水火相濟、乃能生旺、按地輿分野、晉屬子位、爲北方水旺之鄉、更乃六乙鼠

貴之地、故閻氏逢火運鎔辛、身臨子地生乙、蒸發得宜、權勢如苗滋長、當辛亥之冬、水旺勃然興矣、壬子實授都督、印貴交臨也、由是觀之、可謂得天時地利矣、然權勢不宜出乎本省、失地利危也、現在丙運、尚不惡、明年乙亥最佳、恐有遠行、或就職京師、辰運生金偏官弱主、宜甯靜自守、動而招尤、乙卯十年爲人所重、晚福最隆、壽至六十九歲、辛卯之秋、

孫傳芳

字馨遠、山東歷城人、日本陸軍士官學校步兵科畢業、回國後擢至第二師王占元部下、第六團長、陞第三旅旅長、六年丁巳、改爲二十一混成旅旅長、辛酉三月、代王懋賞爲第十八師師長、八月晉長江上游警備總司令、湘軍攻鄂、奉部與趙恆惕軍戰敗、潰不成師、會吳佩孚來援、直下岳州、解鄂危、命代王占元爲第二師長、十二月授援閩總司令、經贛援閩、癸亥四月、繼王永泉督理福建

軍務、甲子五月、以周蔭人平異軍功高、改爲粵閩邊防督辦、戍閩北、秋、江浙戰起、率部助齊燮元、入仙霞嶺、趨杭州、盧永祥逃、遂督理浙江軍務、晉浙閩巡閱使、乙丑秋、以兵襲奉軍、下金陵、達徐州、被推爲浙閩蘇皖贛五省聯軍總司令、領江蘇軍務、爲東南重心、丙寅秋、革命軍北伐、已達長沙、氏以重兵守贛邊武穴萍鄉等處、遣吳佩孚敗於漢臯、遂與戰、迭敗失九江南昌、所部下師長謝鴻勳受創死之、遂北上聯奉軍、退保金陵、就安國軍副司令職、其冬部下周鳳岐叛、投革命軍、令孟昭月討之、戰敗失杭州、丁卯二月、再戰不利、乃撤兵由直魯聯軍接戰、三月率部退駐江北各地、四月爲革命軍所逐、退出蘇境、精兵盡失、率殘兵入魯、改隸張作霖部下、整軍南攻、下淮揚、渡江襲鎮江龍潭、戰七日全軍盡覆、其未渡江者、北退守蚌埠、十月革命軍北攻、乃退徐州、舊部爲上官鋆相所統率、後投革命軍、孫本人時居大連、張學良任爲東北邊防軍司令長官

公署參議

孫氏命造、爲

乙酉　庚辰　壬寅　己酉

淸光緒十一年三月初三日酉時生、歲月化印生身、正官接日座旺氣、並無顯貴之象、惟歲月日時胎分占五旬、乃五福集祥之兆、似尙可取、全局金水凝寒、宜行火運、故五年丙運、能飛黃騰達也、丙寅之歲、雖交子運、幸流年接丙火熱炎、固無礙也、丁卯年妒合日主、塡實貴人、險境環生、能自保生命者、亦幸矣、駝齋按、辛酉之歲、孫隸鄂督王占元部下、爲師長、王命攻湘、爲趙恆惕所敗、幾失武昌、當兩軍戰在危急時、吳佩孚不速救、至孫軍潰敗、王占元逃、吳方率部來援、因擊敗湘軍、而收湖北、以鄂督畀蕭耀南、此蓋速救王不逃、鄂不能取、戰勝之功不偉、臨危而救之、可收漁人之利、效卞莊刺虎之故技也、然吳有幸而成功、丙寅之秋、吳與革命軍相持於岳州、孫則屯兵贛邊、亦效吳故技、待其勝負判、而定行止、欲收漁人之利、豈知吳軍破、孫亦不能自保、曩時不觀望、以精卒出萍鄉助吳、成敗尚難逆料、此孫之失機、自取其咎、亦吳以前因、招其後果、然亦有命夫、孫之命造、宜乎東南木火旺鄉、西北非所宜、故兩次戰敗于湘鄂、人地未宜也、

當丙寅冬季之戰革命軍也、武穴守將爲其部下第二軍軍長謝鴻勳、於是役中彈傷足、刖治而死、謝字賓南、河北人、行武出身、饒勇善戰、其命爲「甲申戊辰癸丑癸亥」官煞重而身輕、於甲運丙寅歲十月、在武穴遭革命軍襲擊、中流彈傷足骨、至滬刖治不效、於十六日（九月初十）戊寅丑時卒、蓋其命火土重而尅身、有以致之、其奇者水被土壅、正應以傷足論、於土日絕命、翕洽合矣、其時死者、有浙江省長夏超、超字定侯、浙江春田人、任浙省警察廳長甚久、孫

入浙時、叛盧永祥、孫命爲省長、丙寅九月、革命軍委爲十八軍軍長、遂舉兵叛孫、爲孫部下擊敗、死亂軍中、其命爲「庚辰丙戌戌戌辛酉」傷食透不見官煞、行卯運寅年、官煞成氣、應有騰達、惟土重不喜木火、歲運與命妒合、致不愼自殞其生、反復投機者、應以爲戒也、

董康　以下以年齡長幼爲序

字授經、江蘇武進人、清光緒己丑科進士、以郎中候補刑部、歷任大理院推事、法律編査館副會長、民國三年甲寅二月、任大理院院長、罷職後、丁巳十一月、充高等捕獲檢察廳廳長、戊午七月、進任法律館總裁、庚申六月、起任大理院院長、七月署司法總長、壬戌六月、轉財政總長、兼鹽務署督辦、因財政匱乏、爲陸軍部索薪團所窘、八月辭職、後任考察歐美司法專使、上海法科大學校長、現在上海執行律師職務、並任東吳大學法學院教授、著有東遊日記等書、其

命爲

丁卯　甲辰　丙子　戊戌

歲月木火旺、結氣甚強、干頭甲丙戊會成天祿、日時拱貴、吉氣暗藏、此應顯達者、惟財官不透、未宜操經濟、及地方鎭守之權、司理法律尙可、但歲首透刦、始終不能積貲、多耗用也、行運自需金水、故壬運入進士第、亥運長司法、及財政、近十年來在土運中、火土燥炎、平善而已、丁運丁丑年、多損耗、防疾病、酉運頗善、獲福無疆、

張一麐與李根源

張一麐　字仲仁、江蘇吳縣人、爲清舉人、歷任袁世凱文案、宣統間、袁在野時、以知府宦遊蘇浙、辛亥革命、在江蘇巡撫程德全幕中、籌畫革命運動、袁氏任總統時、任秘書、民國三年甲寅、進任機要局長、乙卯八月繼湯化龍爲教育總

長、丙辰五月袁死去位、近居原籍、其命爲

丁卯　辛亥　丁未　丙午

全局木火通明、頗以見水爲病、戊運與癸化火、成炎上之格、出長教育殊宜、近年經行火運、強身延壽、淸貴自居、抱道懷眞、至乎耄耋、

李根源　字印泉、雲南騰越人、日本陸軍士官學校步兵科畢業、清宣統間歸任雲南陸軍講武堂監督、及督練處參議、辛亥與蔡鍔唐繼堯共同響應革命、乃得任軍政部長、其後卽爲民黨奔走、民國五年丙辰、隨岑春煊組織都司令部於廣東肇慶、被任爲副都參謀、七月黎總統授爲陝西省長、丁巳去職、戊午十二月、任廣東軍政府第一軍軍長、及南韶連鎭守使、庚申二月轉瓊崖、九月與陳烱明戰敗、乃至上海、壬戌十一月授農商總長、癸亥六月、黎元洪被逼居天津、令代國務總理、旋去職、現家居蘇州、其命爲

己卯　己巳　庚申　辛巳

長生妒合日祿、官傷征戰、在寅運中三刑並會、危險異常、幸以身强未遭不測、乙甲兩運雖佳、均與干化合、雖稱美滿、惜丁卯丙運、在少年過去、不然可償素志也、總之活動於南方最利、不宜宦於北方、近年水運尚屬平常、僅能家居自守而已、壽亦悠久、

眺齋按、張李官階事蹟、均不相類、命造張則多木火、李多金土、一爲黨袁、一爲反袁、性質絕不相同、因其近年均居吳門、爲地方巨紳、故並誌之、

龔心湛

字仙舟、安徽合肥人、以清之監生、肄業金陵同文館、曾任上海製造局書記、後留學英國、嘗往日美法義比等國爲中國公使館辦事員、光緒末年、得岑春暄提攜、歷任廣東知府、署理按察使、廉欽兵備道、宣統間、任雲南臨安開廣道、雲

南提法使等職、民國成立後、歷任漢口中國銀行行長、兼賑務局督辦、安徽國稅籌備處長、及財政司長、三年甲寅五月、改任安徽財政廳、乙卯轉廣東財政廳長、未就、改採金局總辦、六月任財政次長、兼鹽務署督辦、丙辰四月、轉參政院參政、八年一月、任財政總長、嗣代國務總理、九月辭職、甲子十一月、段祺瑞執政、任內務總長、兼賑務督辦、乙丑十一月、轉交通、丙寅四月與段同去位、現任中國實業銀行總經理、家居天津、其命為

己巳　己巳　甲子　壬申

歲月食神生財、日時梟印生身、八字同旬、身財兩旺、由政治經濟而顯貴、殊合行運、以丑貴人合座為最佳、甲運幫身、在己未年財旺、任財長自宜、晚年行水運潤木、亦養尊處優、神安體泰、雖在韜晦之時、猶能增進實業、壽約八十有二、

高淩霨

字澤畬、河北天津人、以清之舉人、光緒末、擢至湖南提學使、宣統二年庚戌、陞湖南布政使、辛亥春辭職、革命時、避居上海、民國成立、任共和黨幹事、九年八月被任爲農商次長、此後迭長內務財政、農商、交通、等部、癸亥一月、張紹曾組閣、授內務總長、六月黎元洪去位、遂代張爲國務總理、攝總統職務、十月曹錕就總統職、實任國務總理、甲子一月辭職、九月顏惠慶組閣、任農商總長、十月辭去、其命爲

庚午　乙酉　辛亥　戊戌

全局分占四旬、貴祿並集、支位干頭相合、成金土混合、有鏗鏘之韻、行庚運金水年、具澄清之概、於是騰達、此後丁丑年殊不佳、

陳錦濤

字瀾生、廣東南海人、美國耶魯大學、哲學博士、受清貝子載澤知遇、歷任大清

銀行副監督學部一等諮議官、民國元年壬子九月、爲審計處總辦、出席於海牙國際匯兌會議、乃遊歐洲、癸丑以財政部駐外財政員駐倫敦、丙辰六月、授財政總長、兼鹽務署督辦、更兼長外交、丁巳五月辭職、其秋因受賄事下獄、戊午二月釋出、庚申五月、就岑春暄組織之廣東軍政府、財政總長、十月陳炯明逐岑去、乃至上海、乙丑馮玉祥經營西北時、聘爲西北銀行總理、十二月再任財政總長、兼鹽務署督辦、關稅特別會議全權代表、丙寅一月辭去、後任北平清華大學經濟學教授、其命爲

辛未　甲午　壬辰　丙午

支宮挾拱貴人、財官兩旺、時上偏財有氣、自當掌握財權、惟日主過弱、宜乎服務北方、已運化甲、透出官星、遂一躍而長財政、丁化合日主、竟繫於獄、戊午二月釋出、蓋在巳年、丙貴人結氣、得疏通而釋出也、現在子運、過丙子年、尚可永

壽、

孫洪伊 與谷鍾秀

孫洪伊 字伯蘭、河北天津人、初爲袁世凱幕僚、宣統三年辛亥、以直隸諮議局議員資格、從事於促開國會運動、革命後、與湯化龍在上海組織國民黨、繼爲進步黨領袖、民國二年癸丑、被選爲衆議院議員、甲寅國會解散、赴上海、丙辰七月北上、就內務總長職、以與徐樹錚不睦、十一月罷去、遂組織民友社、擁護孫總理、九年十一月、充廣東軍政府顧問、其命爲

壬申　辛亥　戊辰　甲寅

歲首食神生財、時干長生駕煞、權利崇隆、本顯貴之象、惜乎官煞相雜、傷食混淆、以致有名無實、攬權不久、未能逐步騰達耳、寅運偏官得祿、本能攬權、以驛馬衝歲、爲人奔走、自失良機、乙運官煞相雜、拂意必多、生平僅卯運結束方一

氣、助用當權、尙不惡、此後强身之運、僅足延年耳、甲戌之歲、尙在丁運、干支尅衝、應防災病、過此壽尙悠久、

谷鍾秀　字九峯、河北定縣人、以淸之附生、畢業北京大學、留學日本早稻田大學、歸國後、充浙江巡撫衙門科長、與孫洪伊爲直隸諮議局議員、辛亥革命後、在南京參議院充直隸代表、議院北遷後、被舉爲全院委員長、民國二年癸丑、爲直隸選出之衆議院議員、甲寅國會解散、乃居上海、乙卯發刊中華新報、進行反袁、丙辰七月授農商總長、與孫洪伊組織憲法商榷會、繼與張耀曾組織政學會、與民友社、丁巳五月以參戰問題府院相爭、辭農商總長去、癸亥二月授爲籌辦膠濟路事宜、乙丑辭職、著有中華民國開國史、其命爲

甲戌　癸酉　戊戌　壬戌

此造結氣甚强、與前孫造相較、均以日主魁罡、干透財煞、天干頗相類似、惟支

宮三墓近於孤辟耳、戊運化財爲印、而長蟲商、有官無財也、寅運頗不惡、如不放棄、可握重權、督辦膠濟、尙嫌不足、此後已無佳運、甯靜自守、以樂天年、跪齋按孫谷二氏、均河北人、政治生活頗相類似、在民國初年、名望崇高、頗能爲人推重、以抱負過高、未引武人爲援、故執政未久、不盡所長、非無機遇、實未得稍長佳運也、

褚輔成

字慧僧、浙江嘉興人、淸時以監生畢業於日本東洋大學、高等警政科、入同盟會、歸爲嘉興府商會總理、浙江諮議局議員、浙江軍政府參事、衆議院議員、二年癸丑、進行反袁運動於安慶、被執、丙辰釋出、與王正廷組織益友社政黨、丁巳廣東非常國會開幕、被舉爲副議長、壬戌陳炯明背叛國民黨、遂北上復任、現任上海法科學院院長、其命爲

癸酉　丁巳　己卯　甲戌

正官從身化、日座戌火相生、結氣甚厚、故以水運爲佳、活動於商界可成鉅富、如少小攻政治經濟、亦可爲理財名手、惟逞縱橫之謀、如冲泥沙塞江河、本身倘無着落、二十年水運、徒有名無實、誠可惜也、己土爲木包圍、根基不建、癸運癸丑年、如山洪暴發、衝土解合、因遭囚執、丙辰火土旺得釋、明年乙亥、且防疾病、此後亥運衝馬、尚可有爲、不免奔走、

許世英

字俊人、安徽秋浦人、清光緒丁酉科拔貢、任刑部主事、三十三年丁未、徐世昌督東三省時、擢爲高等審判廳丞、宣統二年庚戌、與徐謙往歐美考察法律制度、辛亥二月回國、其秋張錫鑾任山西巡撫、舉爲山西提法使、遷布政使、民國元年壬子五月、以張薦任大理院院長、九月晉司法總長、癸丑九月辭職、張爲

奉天都督、氏任民政長甲寅五月、轉福建民政長、改巡按使、丙辰四月辭去、六月任內務總長、轉交通、辭職後、任華義銀行總裁、辛酉九月、任安徽省長、旋辭職、壬戌十一月、授司法總長、癸亥一月辭職、甲子冬、隨段祺瑞入京、十二月晉國務總理、丙寅一月、兼財政總長、三月下野、丁卯國民政府定都南京後、任爲直魯賑災委員會委員、兼主席、辛未任全國賑務委員會委員兼主席、及導淮委員、及今對於任務、始終努力、其命爲

癸酉　辛酉　乙丑　辛巳

乙木無根、以棄身從煞論、全局應作金看、喜行木火財官運無疑、所異者、彼在庚申運、未中道而殤、可爲至幸、及戊運與癸化火、此後歷程由少而老、均旺財官、自騰達矣、甲運乙亥歲、尚可握重權、寅運庚辰年如無礙、可至耄年、總之命非必貴者、得如許佳運而造成之、實不易得、

朱慶瀾

字子橋、浙江紹興人、以清之附生、歷任奉天鳳凰安東知縣、轉任奉天督辦公所巡警總局督辦、調任四川巡警道、繼任陸軍第三十三協統領、辛亥革命時、充民軍之四川都督、民國元年壬子九月、轉黑龍江都督府參謀長、癸丑任護軍使、代理都督、甲寅六月、充鎮安右將軍、督理黑龍江軍務、兼巡按使、丙辰六月辭去、任廣東省長、丁巳調廣西、未之官、壬戌隨孫總理與李烈鈞等、從事北伐、因遭陳烱明之叛變、九月赴奉天、張作霖任爲中東路護路總司令、繼兼東省特別區行政長官、甲子辭職後、任膠濟商埠督辦、辛未任國民政府賑務委員會委員、及監察院監察委員、九月十八日、日本佔據東三省後、該地義勇軍相繼抗戰、被推爲義勇軍後援會委員兼主席、擔任募款接濟義軍事、甚爲努力、其命爲

甲戌 丁卯 丁卯 癸卯

全局木火通明、偏官三得生貴、亦非過弱、五行喜金水、忌木火無疑、生平以辛申兩運爲最佳、辛未壬申年尤爲最後佳運、癸酉歲運剋身、易受打擊、幸一酉不動三卯、尚無大礙、丙子年駁雜特多、各宜留意、酉運尚佳、壽亦悠久、

張弧

字岱杉、浙江蕭山人、以清之舉人、歷任福建師範學堂監督、福建學務處總辦、警察學堂監督、吉林清理財政局坐辦、東三省鹽運使署總務科長、民國元年五月、任長蘆鹽運使、十月轉兩淮、癸丑七月、任鹽務籌備處長、九月授財政次長、甲寅五月、兼鹽務署長、乙卯六月罷、丙辰四月雖出受命數日卽辭去、丁巳任僑工事務局長、戊午七月、三任財政次長、庚申夏、任幣制局總裁、辛酉十二月、梁士詒組閣、授財政總長、壬戌四月辭職、癸亥夏、黎元洪去位、高凌霨組閣

攝政、任爲財政總長、不久即辭、其命爲

乙亥　乙酉　乙亥　乙酉

一氣貫通、五行純潔、煞印相生、身強煞淺、喜行財官運無疑、自午運以迄於巳、三十年中均逢佳運、近年卯運、自不如前、損耗甚重、甲戌之歲、尤主損資、戊寅十年、晚福隆盛、可臻進資財、有此佳命、誠可自足矣、

王克敏

字叔魯、江浙杭縣人、以清之舉人、光緒二十六年庚子、任留日浙江學生監督至東京、進至留日中國學生監督、駐日公使館參贊、丁未歸國、服務於度支及外交部、又爲四川總督趙爾巽、直隸總督楊士琦、陳夔龍、辦外交、宣統二年己酉、任直隸交涉使、民國二年癸丑、赴法遊歷、歸國後、充中法實業銀行董事、丁巳七月、任中國銀行總裁、十一月王士珍組閣、任財政總長、兼中國銀行總裁、

鹽務署督辦、戊午三月辭職、冬、以北方代表出席上海和平會議、庚申任中法實業銀行總裁、中國銀行總裁、癸亥十二月、張紹曾組閣、授財政總長、甲子十月、吳佩孚軍敗去職、辛未任東北邊防司令長官公署參議、癸酉任北平政務整理委員會總參議、其命爲

丙子　壬辰　壬申　乙巳

申子辰結成水局、成潤下格、長生合時貴、且用傷生財、此富而且貴也、生平以丁運爲最佳、逢丁巳年歲運財氣並臨、貴人雙合座、運會並集、自當騰達飛黃、此後尚有佳運十年、壽應至庚、因化傷損用也、

靳雲鵬

字翼青、山東濟甯人、卒業陸軍砲兵學堂、初服務軍界、累遷至浙江巡撫增韞麾下陸軍標統、被薦爲記名提督、宣統間、李經羲督雲貴時、任軍事參議官、辛

亥革命、由滇逃歸、投段祺瑞麾下、任第二軍參議官、擢至第五軍統制、民國二年癸丑八月、繼周自齊爲山東都督、丙辰六月、張懷芝之代之、戊午任參戰督辦署參謀長、己未一月授陸軍總長、九月代國務總理、十一月真除、兼長陸軍、庚申五月、一度辭職、八月復組閣、辛酉十二月辭去、其命爲

丙子　戊戌　甲子　庚午

天干會祿、並作三奇、卽搗亂亦有陽綱之象、食神生財、雙印夾拱長生、出將入相、均顯貴之徵、惟日主秉氣不強、運喜扶身、故自壬子年行壬運生木、且天干備於五行、卽能騰達飛黃、至寅運祿馬同鄉、於是總理國務、自滇中亡命後、八年之間、晉至閣揆、進步可謂速矣、入癸運化去偏財、制煞太過而失權、卯運恐多損耗、現在甲運、較卯運尚佳、惟不逢金、則難再起、

王揖唐

初名賡，字一堂，後改今名，安徽合肥人，清光緒甲辰科進士，留學日本振武學校習陸軍，轉入法政大學，歸國後，受徐世昌知遇，歷任東三省總督署軍事參議、吉林督練公所參謀、陸軍協統，隨戴鴻慈參加俄帝加冕典禮，遊歐州兩年歸國，授吉林兵備處總辦，辛亥革命後，由徐薦入袁世凱幕下，爲總統府秘書參議及顧問等職，民國二年癸丑，任參議院議員，組織統一黨，復爲進步黨理事，甲寅三月，任約法會議安徽議員，又任總統府諮議官，乙卯八月任參政院參政，督辦皖江籌賑事宜，九月進吉林巡按使，丙辰四月，任內務總長，六月辭職遊歐州，研究大戰情形，丁巳四月歸國，戊午新國會成立，被推爲衆議院議長，已未一月，以南北和議北方總代表至上海，旋辭任，庚申六月，因皖軍戰敗，安福系失勢，遂避至日本，從事著述，甲子春歸至奉天，運動倒直，其冬段祺瑞出執政，任爲安徽省長，旋兼軍務督辦，乙丑六月，以奉軍擾亂皖境辭去，癸酉

任北平政務整理委員會委員、甲戌遊歷日本、著有傳今是樓詩話、譯有新俄羅斯、前德皇威廉第二自傳、其命爲

戊寅　辛酉　丁巳　丁未

此命與袁世凱同五字、袁以食神制煞、彼則傷官生財、故威權不若袁、格局亦不若袁之純陰包陽也、此命喜金水、惜行運多木火之鄉、是多起落、過去之以丑運爲最利、丙運庚申年化財爲官、與傷征戰、申並會三刑、亡命尚屬幸事、現卯運衝酉、徒事奔勞而已、後戊辰十年運稍佳、乙亥年宜防病患、壽尚悠長、

賈德耀與吳光新

賈德耀　字焜庭、安徽合肥人、日本陸軍士官學校步兵科畢業、回國後、歷任陸軍第二鎮參謀、總統府參議、第七師第十三旅長、轉十五混成旅長、率隊入陝、民國五年一月、任陝南鎮守使、冬辭去、任將軍府參軍、陸軍軍官學校校長、

更充陸軍部軍學校校長、轉陸軍部軍學司長、未操實權者、八年之久、十三年甲子冬、以運動馮玉祥聯奉成功、段祺瑞執政、任陸軍次長、乙丑九月代理總長、十二月得馮玉祥力、真除、更代國務總理、丙寅三月、正式組閣、任國務總理兼長陸軍、六月馮軍敗走、遂下野、其命爲

辛巳　丁酉　己未　辛未

八字純陰、四旬分占梟食征戰、財官斂跡、月日拱貴、時日伏煞、此吉氣暗藏、顯達之象也、惟五行最喜水木財官、丙寅當壬運、丙化辛爲財、寅爲正官、故至閣揆、因寅刑歲馬、成而易敗、未能久攬大權、現在辰運、自應滯晦、此後惟辛運尚佳、餘無可取、

吳光新、字自堂、安徽合肥人、日本陸軍士官學校礮兵科畢業、歸國後、入段祺瑞麾下、爲陸軍第三鎮礮兵管帶、辛亥革命時、袁世凱命赴奉天監視東三

省軍隊、其後歷任第二軍參議官、總統府諮議官、安徽陸軍旅長等職、民國二年九月、被任爲陸軍第二十師師長、乙卯六月、袁將稱帝、隨段祺瑞辭職、丙辰段氏再起、命其率第二十師之一部赴湖南、駐岳州、丁巳八月、任爲長江上游總司令、兼四川查辦使、率師入川、駐重慶、十一月爲南軍所襲、退駐宜昌、庚申六月任湖南督軍兼省長、未能就任、被湖北督軍王占元禁錮、辛酉八月王被逐、乃釋出、其後奔走於倒直運動、甲子奉直再戰、在張作霖部下、任鎭威軍第六軍副軍長、出動於赤峯方面、十一月段祺瑞執政、授爲陸軍總長、乙丑十一月赴日觀操、丙寅歸國後辭職、丁卯二月、以安國軍副司令、授淞滬督辦、革命軍到滬、遂避去、其命爲

壬午　丙午　甲申　甲子

干頭梟神奪食、解夏火炎威、支下傷官生財、助其資用、八字純陽、四柱分旬、故

威權頗盛、較之賈造、有以過之、行運喜正官、忌偏官、故庚運庚申年爲王占元所阨、身繫囹圄、蓋王命爲（辛酉　庚寅　庚子　丙子）克身太過、是以不利於己也、甲子身强、故能再起、此後尚有十年强身運、可謀福利也、

駝齋按、賈李既同鄉、更同學、爲安徽武人中之翹楚者、吳露頭角早於賈、賈雖曾官至閣揆、不若吳當年威權之盛、蓋陽命純陰、不若純陽爲愈也、惟當吳氏盛時、據長江上游、亦可以所部下武漢、逐王占元而代之、效諸自投羅網、束手就縛爲優、而事實所不能如此者、命蓋有前定也、王命三庚、尅彼二甲、故其應敗於王手、即以兵攻之、亦不必勝、

葉恭綽與鄭洪年

葉恭綽　字譽虎、廣東番禺人、清時畢業京師大學堂、授主事、由商部調至郵傳、擢郎中、得梁士詒提攜也、累進爲鐵路督辦、收回京漢鐵路與有功焉、民國

成立後、歷任交通部、路政司長、交通銀行總理、二年癸丑七月、進爲交通次長、乙卯四月暫停職、十月復任、丙辰六月辭職、丁巳七月再爲交通次長、兼鐵路督辦、郵政總局局長、戊午辭職、其後任視察歐美實業專使、歸國後、庚申八月進爲交通總長、辛酉五月辭職、十二月梁士詒組閣、再長交通、壬戌四月奉直戰後辭去、癸亥歸至廣東、任財政部長、甲子冬段祺瑞執政、第三次出長交通、乙丑十一月固辭去、現居上海、從事于學術研究、其命爲

辛巳　己亥　壬戌　甲辰

干頭煞印相生、更食神制煞、應旺于權、財庫日祿臨于天門、必主多貴、最奇者天門地戶逢衝、爲交通界之領袖最合、其所能三次長交通者亦此、經過乙未甲午二十年、均不差、此後以癸運爲劣、多耗用也、巳運或能入政途、壽爲古來所稀、

鄭洪年　字韶覺、廣東番禺人、歷任交通部科長及司長、十二年癸亥、葉恭綽長廣東軍政府財政、氏爲次長、繼爲財政廳長、及軍需副監、甲子冬段祺瑞執政、隨葉任交通次長兼鐵路督辦、去職後、丁卯國民政府成立、復任交次、轉財政及僑務委員會委員、工商部政務次長、辛未任實業部政務次長、及建設委員、現爲國立暨南大學校長、著有教育言論集、其命爲

乙亥　戊子　辛未　戊戌

天干無可取、惟月日支宮長生財庫峙立、分戌亥之天門、僅次於葉命、宜行財運、故甲申癸未均佳、水亦可生木也、此後壬運五年、尚有爲也、

駝齋按葉鄭在梁士詒領導下、爲舊交通系之人物、在軍閥紛爭時代、除直系外、彼等均能接近、政治手腕可謂圓滑矣、現梁已物故、其命爲（己巳　戊辰　丙申　甲午）葉鄭在現社會、頗有美譽、蓋葉爲當代才人、道德文章爲人

所重、鄭長暨南大學、斐聲學界有年、皆未可以過去之人物論也、

楊文愷

字建章、河北永清人、以清之秀才、畢業日本陸軍士官學校步兵科、與孫傳芳爲同學、民國成立、隸馮國璋麾下充禁衛軍一等參謀、直隸都督府軍務課長、後二年癸丑隨馮南下、丙辰薦之王占元、任湖北將軍署軍務課長、兼漢陽兵工廠總辦、壬戌參孫傳芳軍、隨至福建、十四年乙丑秋、孫逐奉軍佔金陵、氏任五省聯軍總司令總參議、丙寅五月、杜錫珪組閣攝政、授爲農商總長、其冬去職、其命爲

癸未　乙卯　癸丑　癸亥

八字純陰、水木清奇、食重煞淺、殊不類出身軍界者、以官煞受制太過、故未能掌兵權受重寄、賦性簡雅、人格清高可知、以食重爲病之故、是以宜行金運、辛

運長漢陽兵工廠、庚運長農商均爲其盛時、現交巳運、偏官出透、尙應握重權、惟政治之時日已過、不知如何更出耳、

潘復

字馨航、山東濟甯人、以清之舉人、爲江蘇巡撫程德全文案、進至山東勸業道、民國成立、改山東實業司長、下野後、從事實業、籌辦南運河水利局、創設魯豐紗廠、八年己未十二月、靳雲鵬組閣、任財政次長、庚申六月代理部務、並兼鹽務署長、辛酉十一月去職、丙寅夏、以接近張宗昌故、任黃河工程督辦、十月授財政總長、丁卯五月、任國務總理、下野後、戊辰任東北司令長官公署參議、現去職、其命爲

未癸　癸亥　庚午　戊寅

支官貴人佩印、財官亦强、知應顯達、惟傷官雙透、出頭亦非易、幸逢未運化火

而透官星、丙寅丁卯更爲財官之歲、於是一躍長財政、進而組閣矣、雖然際會之來、如曇花一現、然亦不多得也、此後尚有八年佳運、權利均隆、惟不能再入政途、防駁雜也、此因傷官見官、每易招尤之故、從事商業尚佳、惟丙子丁丑之歲不利、易與官訟、且防疾病、壽亦悠長、

張志潭與張英華

字遠伯、河北豐潤人、以清之舉人、曾充陸軍部候補郎中、民國三年七月、任綏遠道尹、丙辰五月辭職、以接近段祺瑞、入其內閣任內務次長、七月任國務院秘書長、又任督辦參戰事務處機要處長、己未任陸軍次長、庚申八月、任內務總長、辛酉五月、轉交通、十二月解去、乙丑十一月、被段祺瑞下令通緝、丙寅四月取消通緝、入杜錫珪組閣、任交通總長、十二月去職、其命爲

甲申　乙亥　辛巳　戊子

此造取時上正印爲用、而以馬奔財鄉論格、其發旺亦速、惟不透官煞、難得實權、且不持久、蓋一多謀之政治家而已、寅運貴人合馬成財、不會三刑而解破、故能發跡、己運得庚申辛酉流年、强身任財、官高位顯、爲生平極盛之時、卯運內雖能起、有損無益、庚運內雖無權位、然能順利、辰運最近甲戌丙子流年非利、辛運不差、頗可投資於實業、巳運六十四歲危殆、

張英華　字月笙、河北衡水人、英國維多利亞大學畢業、歷任四川川南稽核分所經理、民國九年庚申、代理四川鹽運使、辛酉轉任河南鹽運使、壬戌一月、任甘肅財政廳長、六月充蘇州關監督、八月入唐紹儀內閣任財政次長、兼鹽務署長、癸亥張紹曾組閣、繼劉恩源爲財政總長、七月辭職、丙寅吳佩孚再起、任討賊聯軍籌餉督辦、四月任烟酒事務局督辦、吳敗去職、其命爲

戊子　甲寅　丁卯　甲辰

星星之火、生於叢林、成通明之象、歲月拱財庫、取用不竭、最宜行金運、水則次之、今以戊運金水年突飛猛進者、蓋傷官傷盡也、壬戌年與日主化成木火、避去正官、尤見奇特、午運殊不佳、己未亦平常、丙寅之歲、有損無益、此後庚申辛十五年、經營商業、可獲鉅資、惟甲戌丙子年不宜妄動、

駝齋按、張志潭初得段祺瑞拔擢、及其失勢、乃改投直系、與張英華共同為曹吳奔走、故能在直系全盛時代、相繼入閣、吳佩孚再起漢皋時、活動尤力、故丙寅能復起、現在盛年、尚有佳運、雖政治之壽命已盡、再貴不可必、富則有餘也、

楊　森 與鄧錫侯

楊森　字子惠、四川廣安人、四川陸軍速成學堂畢業、初隸劉湘部下、擢至靖川軍第二軍第九師長、及瀘永鎮守使、後改任第十六師師長、第二軍軍長、十三年甲子五月、以接近吳佩孚、命督理四川軍務、吳敗亦被逐至川南、乙丑五

月、段祺瑞授爲參謀總長不就、丙寅擁兵駐萬縣、更東下聲援吳佩孚、革命軍至武漢、任爲第二軍軍長、庚午爲劉湘擊敗、退川北一帶、現任四川省政府委員、及川陝邊防司令、其命爲

丙戌　庚寅　戊午　壬戌

全局純陽、結成火局、而透出歲干、火土燥炎、需金水調劑、以命造觀之、知非凡品、惜乎壯年、經木火之鄉、覺太枯燥耳、在甲運混戰於川中數稔、勢力雖展、如不經金水流年、亦難操勝算、甲子年與日主衝尅、以需要財官故、尚稱佳運、然督川者以甲應當權、失敗者以子財衝座也、此後維持現勢尚可、欲進遷則須待北調也、

鄧錫侯　字晉康、四川營山人、保定軍官學校畢業、初在劉存厚麾下爲團附、擢至四川陸軍第三師第二旅旅長、進第三師師長、授順遂鎮守使、兼靖川軍

第六路司令、十三年甲子五月、任四川省長、乙丑五月轉軍務督辦、丙寅冬蔣中正授為第二十八軍軍長、第七路總指揮、丁卯春舉為軍事委員、現任四川省政府委員、其命為

己丑　庚午　己巳　乙亥

歲月比重耗財、無足可取、非顯貴者、然時干透煞、頗應握兵柄、時支馬奔財鄉、亦殊可貴、而應暴發、惜乎行運乏之水、須金水年方能獲財、而行木運可當重任、過去以卯運為最佳、寅次之、丙丁均不利、乙亥以後、交進乙運、假煞為權、必能發展其地位、而握重權、過此須俟甲運、丑運辛巳不宜妄動、總之彼前途希望正多也、

駝齋按、楊鄧造命均火土過重、而壽水潤澤、惜均缺乏之行運、優劣互間、無坦達之途、擾攘十年、辟處一隅、為運所限、人力不易擺脫也、

薛篤弼

字子良、山西解縣人、山西法政大學畢業、歷任山西河東地方審判廳推事、以結識馮玉祥故、充第十六混成旅軍法官、民國十一年壬戌五月、任河南財政廳長、癸亥從馮北上、任京師稅務監督、甲子一月、任司法次長、代理部務、九月轉內務次長、十二月、任京兆尹、乙丑十一月、轉任甘肅省長、戊辰馮軍旣佔河南、任省政府委員、兼民政廳長、代理主席、嗣任國民政府委員、中央政治會議委員、己巳第三屆中央候補執行委員、國民政府衞生部長、後馮玉祥反抗中央、遂去職、現在上海執行律師職務、其命爲

庚寅　戊寅　丁巳　乙巳

此造火旺、尤宜見火、故己運尙可當權、辛運僅獲財耳、近在壬運、正官合主、滯晦不振、壬申年尤應不利、午癸十年、助日生光、尙可顯耀、癸戊化火也、此後最

主爲高級法官壽在申進丙申之年、

海軍將領。

薩鎮冰、 字鼎銘福建閩侯人、清時以船政學生、留學歐州、畢業於英國格林威契大學、歸充海軍管駕、光緒二十年甲午、中日戰起、適因病未參加、甲辰復議興海軍、歷任通濟海圻各艦長、擢至北洋海軍統領、宣統己酉、授水師提督、後偕貝勒載洵出洋考察軍事、歸授籌備海軍副大臣、辛亥革命軍興、率水師助攻漢陽、敗革命軍、民國元年壬子、以淞滬水陸警察廳督辦、駐上海兵工廠、丙辰五月、授閩粵巡閱使、丁巳五月、授海軍總司令、十二月罷、戊午八月、授福建淸鄉督辦、己未十二月、晉海軍總長、辛酉退職、任閩粵邊防司令、癸亥任福建省長、十五年丙寅十月、革命軍東路軍逼福州、遂去職、薩氏現年七十六歲、其命爲

己未 丁卯 丁卯 乙巳

清咸豐九年二月二十六日巳時生、五行缺水、火土燥炎、須賴潤澤、適身水師、正逢其會、行一派金水運、自應顯貴也、亥運貴人合局、六十五歲且長閩至三年之久、雖政權操諸軍閥、官運可謂隆矣、本歲甲戌在戌運、歲運尅主、最不利、

李鼎新 字承梅、福建閩侯人、以福建船政學生、畢業於英國格林威契海軍學校、歷任各艦艦長、海軍部軍法司長、及參事等職、民國成立、任駐滬海軍總司令、四年乙卯免職、丙辰六月、以海軍總司令率艦獨立於上海、七月自動撤消、甲子五月任海軍總長、乙丑林建章曾一度代之、後復任、丙寅十月杜錫珪代之、李氏清同治元年五月初六日寅時生、其命爲

壬戌 乙巳 己巳 丙寅

火土重而水輕、宜平行金水運、今年七十三歲、次甲戌、在癸運中、殊不利、宜珍

攝、

林建章　字增榮、福建閩侯人、江南水師學堂畢業、歷任宿字魚雷艇艇長、飛鷹、通濟、南琛、海容軍艦艦長、歐戰時以海軍代將率艦駐海參威、為段祺瑞拔識、回國後授練習艦隊司令、當直皖戰後、蘇浙不睦、氏依盧永祥獨立於上海、十三年甲子秋、蘇浙戰起、渤海艦隊來攻、氏力守吳淞口、以兵艦附北、遂去職、冬、會段出執政、任為海軍總長、乙丑十二月自動罷去、林氏清同治十三年十一月初八日亥時生、其命為

甲戌　丙子　丁未　辛亥

五行雜亂、行運多起落、非顯貴之象、僅時貴帶財、差強人意、少年土木運均不佳、庚運即有獲、亦當於辰運消耗、辛運化丙去刦、為海軍代將、頭角既顯、財亦豐裕、生平得意時也、甲子冬出長海軍、歲運均不利、恐威信即失於此、丁丑年

六十有四歲恐遭疾病損財、

李景曦　字鯨丞、福建閩侯人、馬江船政學堂畢業、清時歷任海軍部軍學司長、嗣派赴倫敦、任留學生監督、改國後歸、歷任海軍總司令公署參謀、參謀長、建安軍艦艦長、海軍部視察、漢陽兵工廠幫辦、海軍部軍學司長等職、十年辛酉、被任爲華盛頓會議代表、回國後任第二艦隊司令、乙丑調練習艦隊司令、丙寅秋、駐節長江、被迫去職、冬任第一艦隊司令、丁卯二月革命軍既克滬、任海軍部總參謀長、戊辰二月、任江海關監督、己巳罷、改任軍事參議院參議、李氏生於清光緒元年二月初八日卯時、其命爲

乙亥　己卯　丙子　辛卯

成官印相生之象、丙辛一化、則水木清奇、爲良吏、非良將也、故癸運而能監督海關、六十一歲丙子、如無礙、或當再起、壬運辛巳年動搖全局、不支之象、

林永謨　字籟亞、福建閩侯人、天津水師學堂畢業、歷任海琛肇和艦長、七年戊午八月、離北附南、任廣東軍政府海軍次長、現任國民政府海軍部參事、林氏生於清光緒七年四月十一日寅時、其命爲

乙亥　辛巳　丁丑　壬寅

財官甚旺、結氣亦强、惟五行稍嫌雜亂、宜行木運、現交亥運、貫刃相衝、如丙子無礙、壽當過七十歲、

駝齋按、以上五人、均火土日主、蓋以水爲財官、應主出身水師也、是以人之出路、亦當按命運喜忌、而定趨向、

江西前主師

陳光遠　字秀峯、河北武淸人、北洋武備學堂畢業、淸末時任第四鎭第七協統領、擢至陸軍第四鎭統制官、改國後、爲大總統府軍事諮議官、三年甲寅、改

爲陸軍第十二師師長、授赤峯鎭守使、六年丁巳五月、任京津警備司令、七月響應段祺瑞討伐張勳有功、授綏遠都統、八月得李純力、繼李爲江西督軍、辛酉張宗昌叛贛南時、欲逐之、爲光遠擊敗、位益鞏固、在贛五年、壬戌六月、蔡成勳代之、其命爲

癸酉　壬戌　癸巳　壬戌

清同治十二年八月十七日戌時生、五行缺木、干水澄清、支下財官印結氣均厚、財庫扶拱日貴、富貴雙全、顯然可見、故行土運、功業日盛、行火運財富豐裕運命相成、相得益美、督贛五年、正在巳運、財貴帶官、生平佳運也、丙運僅有財、故失官、二十四年乙亥、歲運並臨、驛馬衝貴、最不利於身心、

蔡成勳　字虎忱、河北天津人、北洋武備學堂畢業、歷任督練處參議官、第二十一鎭第四協統領、大總統府侍從武官、第一師第一旅長、代何宗蓮爲師長、

從段祺瑞討張勳有功、八月代陳光遠爲綏遠都統、調察哈爾、辛酉五月兼長
陸軍部、十二月辭部務、壬戌六月曹錕助之、率師入贛、代陳光遠爲江西督軍、
兼省長、甲子冬曹敗、贛南鎮守使方本仁起逐之去、其命爲

壬申　庚戌　乙卯　乙酉

干支衡合無常、僅透官印、非必貴之象也、四十一歲以前、必窮困、乙卯運尚佳、
督贛之時、正逢丙運、官傷征戰、官高易危、幸在水年、尚能苟安、甲子之歲、干刦
支刑、貴人有損、宜其敗也、

方本仁、　字耀亭、湖北黃岡人、北京軍官學校畢業、參李純軍幕、李督江西、方
任參謀長、其冬任贛西鎮守使、癸亥奉命率部拒粵軍於南雄、調鎮守贛南、任
粵贛邊防督辦、甲子冬、起逐蔡成勳去、段執政命督辦江西軍務、丙寅二月、鄧
如琢由皖率師歸、逐之去、其秋革命軍侵贛、任爲十二軍軍長、令圖贛、無功、南

京定都後、舉爲國府軍事委員會委員、後任湖北省政府委員、兼民政廳長、庚午任東北政務委員會委員、軍長參議院參議、其命爲

庚辰　辛巳　戊戌　丁巳

五行缺木、金土混雜、雖無顯貴之象、然可稱爲傷官傷盡矣、行傷運則貴顯、惜無財耳、此後乙亥年、可出頭地、戌運尤應防破耗、

鄧如琢　安徽阜陽人、初隸陳光遠部下、爲十二師第三營營長、蔡成勳督贛、已擢至江西陸軍第一師師長、戍贛北、十四年乙丑九月、孫傳芳既克江甯、令贛會師、奉命以贛皖聯軍總司令、率部入皖、拒奉軍、事定、十一月率部歸、丙寅二月、得孫助、逐方本仁、爲江西總司令、其冬革命軍北伐、克武漢、侵江西、如琢率部禦之於樟樹鎮、而南昌忽失守、回兵攻克之、以疏忽爲孫不滿、免職去、其命爲

戊子　壬戌　癸丑　癸丑

歲祿拱刃、正官制刦、格局殊佳、惜運未濟、美中不足也、乙運制官、殊不惡、丑運助土防水、乃漸騰達、其不能持久者、與財祿刑合、多勞易敗、惟丙寅之歲有攫耳、此後丙寅運、尚不惡、銳意經商、可獲鉅利、卯運刑歲、不免駁雜、耽齋撥、丁巳以迄丙寅八年之中、四易督師、各以被逐去位、悖入悖出、固亦宜矣、然其久暫實系於命、

江西五省長

陶家瑤　字星如、江西南昌人、以清之附貢生、遊宦四川、由知縣擢至候補道、任四川鹽運使、民國成立、任江西內務司長、甲寅一月任長蘆鹽運使、丁巳七月辭職、戊午爲參政院議員、十二年癸亥三月、署理江西省長、被蔡成勳所拒、求之官、後任九江商埠督辦、全國水利局總裁、九江久興紡織公司、上海中國

殯儀館、均其創設者、其命爲

己巳　甲戌　庚子　丁亥

歲月土重生身、結氣稱强、時官爲傷食所制、無力已甚、非顯貴之象也、故此造最宜行木火運、金土非宜、自壬子以迄丁巳、爲財官旺鄉、故長鹺政得獲資而富、至巳運授省長、因妒合甲故、不能之官、等於無耳、巳運本能再起、以衝亥故、未實現、花甲之後、均在滯晦駁雜之中、乙亥如無礙、可過丁運、

汪瑞闓　字請句、安徽盱眙人、清光緒癸卯以道員需次江西、綰武備學堂、擢臬司、改歸江蘇、爲上海商埠巡警督辦有年、後任巡警道、民國二年癸丑、遷江西民政長、爲都督李烈鈞所拒、二次革命後、方之官、甲寅被劾罷、丁卯起爲參政院參政、後授全國菸酒公賣局督辦、去職後、家居上海、其命爲

癸酉　壬戌　甲寅　甲子

日祿扶身、梟印滋潤、結氣稱强、行土運均佳、丁巳殊不利、尤以己運最劣、以時日拱貴故、其子孫必優秀、

謝遠涵　字敬虛、江西興國人、清光緒甲午科進士、入翰林、二十六年庚子、督廣東學政、以亂事未赴任、民國成立、爲江西都督李烈鈞秘書、後擢至內務次長、九年壬戌六月、授爲江西省長、爲督軍蔡成勳所拒、不能赴任、癸亥三月、改江西全省官礦督辦、去職後、丙寅任九江商埠督辦、戊辰四月第四集團軍總司令部成立、任爲秘書長、不久去任、其命爲

甲戌　壬申　乙巳　丙子

爲六乙鼠貴格、官印皆强、惟財獨弱、生平宜行財運、否則清貴而已、運以子爲稍佳、花甲後之戌運、尚可獲資、寅運三刑並會、逢庚辰年、泰極否至、

胡思義字幼腴、江西新昌人、清宣統間、以監生從李經羲官雲南、由知縣累擢

護理臨安關廣道、革命後、爲安徽中華銀行監理官、吉林官錢號監理官、五年丙辰六月、轉任兩淮鹽運使、丁巳四月、任淮安關監督、壬戌任安徽財政廳長、後代理省長、甲子秋、選爲南潯鐵路總理、十二月被任爲江西省長、乙丑三月離職北上、七月免任、其命爲

己卯　辛未　丙午　壬辰

以正面觀、干頭傷官生財、爲多資之象、以側面觀之、則干合水、支化火、爲財、格局固奇特也、行木火運、經金水流年、於是權利隆盛、蓋命與運、均有水火既濟之功耳、現交乙運、損害傷官、不宜投資於任何事業、此後以保守爲是、丙子丁丑之歲、恐耗財也、

李定魁　字文星、江西南豐人、民國初在江西陸軍充團長、後改湖口雷電教練所所長、以結織方本仁故、當十三年甲子方逐蔡成勳時、充兵站長從之、及

方督辦江西軍務、乙丑一月、乃任江西警務廳長、兼警察廳長、三月乃繼胡思義爲省長、丙寅八月、革命軍將下南昌、去職、其命爲

庚辰　戊子　癸巳　丁巳

官印透於天干、貴祿臨於支下、爲文官可躋於臺閣、任武職難顯達也、故在我行僅至團長、在亂世未能出頭地、豈非命乎、戊癸相合、官星不顯、至癸運妒合、縱出正官、乃長省政、誠佳遇也、此後財旺弱身、難負重任、坐安而食、尚可永其天年、

颸齋按以上五人、以李命最佳、汪次之、然不及胡多賓、陶謝五行雜亂、殊爲缺點、以均無較長之佳運、故所歷官階、均若曇花一現耳、

僞帝溥儀　陳寶琛鄭孝胥附

姓愛新覺羅氏、名溥儀、清德宗弟、醇親王載灃長子、光緒三十二年正月十四

日午時、生於十剎海藩邸、母醇親王嫡福晉瓜爾佳氏、孝欽后弟榮祿女也、三歲戊申十月二十一日癸酉、入嗣穆宗兼祧德宗爲嗣皇帝、本生父載灃攝政、十一月初九日辛巳、卽皇帝位於太和殿、明年己酉紀元、宣統三年辛亥八月、革命軍突起武漢、各省風從、遂廢大清帝制、改建中華民國、迫其遜位、仍居禁城、民國六年丁巳五月張勳擁之復辟未成、壬戌十二月一日癸卯、娶前直隸口北道榮源女爲妃、十三年甲子十一月五日、馮玉祥背曹錕據京師、逐其出宮、遂以庶民居天津日租界、二十年九月十八日、日軍旣佔我東三省、癸酉更佔熱河、擁溥儀至長春促使爲帝、於甲戌三月一日辛未巳時僭號、

譯溥儀造命爲

丙午　庚寅　壬午　丙午

財官建旺而弱主、以棄身從財論、蓋水被蒸發、元神消耗盡矣、夫從財者宜生

財、不宜帮身破格、辛亥甲子均以傷財破格、辛亥化太歲去帝位、甲子衝財官出宮禁、俱不利、今年甲戌、會爲火局、格成炎上、乃更爲帝、然而處於辰運墓庫中、若舞人之掌上、作傀儡也、交進癸運、從化熔解炎上之勢、其殆矣乎、丙子立秋後、當有甲子之故阨、丁丑亦未利也、

陳寶琛　字伯潛、一字弢盦、福閩侯候人、清同治進士、光緒初、晉內閣學士、兼禮部侍郎銜、曾督江西學政、十一年乙酉以南洋大臣會辦江蘇軍務、與曾國荃不洽、且忤旨、調降去、家居二十四年、創立師範學堂、從事教育、宣統初以張之洞薦入覲、授山西巡撫、未赴任、轉弼德院顧問大臣、辛亥改國後、累晉至太保大傳、授廢帝讀、民國六年丁巳張勳復辟、被舉爲內閣議政大臣、近年居天津、陳氏生於道光二十八年九月二十三日卯時、順行至立冬十九日又四時、扣六歲多一百六十天、乙庚年清明後交換、譯其造命爲

戊申　壬戌　癸巳　乙卯

正官得氣透於歲首、根基不薄、出自名門無異、食神生財於時位、生貴交臨、亦乃文章清貴之象、惟結氣不強、宜行金水運、不宜於木火、丙寅丁卯以及戊運、正當盛年、而竟困頓不起、蓋洩氣深也、幸耳、苟寅運如不自韜晦、吾恐必至殞生、三刑礙官貴也、辰運得水庫衝提而起、然土重身輕、不克自任、及官高而國改、終作遺臣、命優運蹇、吾爲此老惜哉、今年壽八十七矣、甲戌不死、乙亥難逃、

鄭孝胥　字蘇戡、福建閩侯人、清光緒壬午舉人、以中書改官江蘇、繼調充駐日領事官、歸國後、入鄂督張之洞幕、參贊練軍、擢至監司、戊戌變法、以保薦異材召對乾清宮、會政變返鄂、自是皆從之洞於鄂、爲幕僚領袖、兼治兵事、癸卯桂督游匪肆擾、命率湖北武延陸軍戍龍州、得旨以四品京堂補用、充邊務監辦、丙午罷、授廣東按察使、辭不赴、家上海、爲立憲公會領袖、聲譽益著、錫良督

東三省、辟為錦朝鐵路督辦、並任葫蘆島開埠事、均未果行、良去乃南歸、宣統
三年辛亥、授湖南布政使、革命事起、逃歸上海、居海藏樓鬻書自給、所得甚豐、
常往來津滬間、民國二十一年壬申日軍既強佔我東三省、擁清遜帝溥儀為
首領、孝胥亦至長春相之、甲戌春溥儀僭號、孝胥為相、
孝孝胥生於清咸豐十年閏三月十二日戌時、順行運至立夏三日欠二時、扣
三歲欠二十天交行、癸戌年清明後互換、譯其造命、為

庚申　庚辰　丙午　戊戌

本造傷食重而財強、結氣倘嫌其弱、然以格局論、尚屬佳構、蓋四柱純陽、以食
生財、以財生煞、即假煞為權、申辰午戌水火之局各半局、成身煞兩停之象、更
得拱祿以連屬之、此其所以成名也、生平無十年坦達之運、僅恃乙木正印起
家、酉為布政使、惜遭合而未持久、亥運得貴而偏官旺、竟為利誘、嗚呼不得長

生梟神亦旺、人格喪失、名譽破產矣、現在戌運、甲戌乙亥、倘可苟延殘喘、丙子丁丑奪本身之光、搖動主座、能免阨運乎、子運衝刃官傷征戰、險象環生、苟不退避、終當獲咎、

駝齋掾溥儀、受人卵翼、甘作傀儡、情尚可原、寶琛雖忠於溥儀、未爲危害民國、亦可含容、獨孝胥爲漢人產、讀古人書、竟腼顏媚日、屈身事僞、當垂死之年、獨不能潔身自愛、甘作民族叛徒、利慾薰心、名節掃地矣、

定命錄

下編

軍人

駝齋張一蟠編著

冷遹、字禦秋、江蘇丹徒人、日本陸軍士官學校畢業、隨總理奔走革命有年、曾與趙聲黃興共同攻去南京、辛亥革命後、爲江蘇陸軍第三師師長、癸丑去職、八年己未充南方政府農商部長、壬戌去粵甲子齊燮元委爲江蘇全省水陸警備總司令、乙丑秋卸職、戊辰爲戰地委員會委員兼西北軍參議、五月任山東省政府委員、兼民政廳長、現去職、其命爲

壬午
丙午
壬辰

初六 丁未
十六 戊申
二六 己酉
三六 庚戌
四六 辛亥
五六 壬子

癸卯 貴人　六六 癸丑　六七 甲寅

四旬分占兩旺財官、貴人暗藏明見、俱爲顯貴之徵、惟金水乃非所喜、故宜火土運爲佳、己運正官透露、因總師干、交酉運、即失兵柄、此後十餘年均滯晦、辛運化戌天元一氣、逢土旺流年、尙能再出、及庚午年失意矣、此後以亥運爲最佳、可活動、

鹿鍾麟、字定伯、河北定縣人、隸馮玉祥部下、由第十六混旅之砲兵團長、歷任第十一師旅長、中央暫編第一師長、京畿警衞總司令、京畿警察總監、國民革命軍第二集團軍第十八軍軍長、軍事委員會委員、北平政治分會委員、軍政部常任次長、署理軍政部長、馮失敗後亦退職、其命爲

甲申　初八 戊辰　十八 己巳

煞 丁卯　二八 庚午　三八 辛未

辛酉 祿　　四八 壬申　五八 癸酉
庚寅 貴人　六八 甲戌　七八 乙亥

月干透煞、得正財相生、最爲有力、應取爲用神、故行運幫身則可、制煞則不可、蓋結氣不過衰也、辛運幫身、未運助用、均騰達、壬運化煞害用、失權勢矣、故命格大佳、運未濟美、殊可惜、丙子之年、官煞相雜、多拂意事、餘平善、

但懋辛、字怒剛、四川榮縣人、爲日本留學生、初隸川軍熊克武部下、歷擢至四川陸軍第一師師長、第一軍軍長、十二年癸亥、曾與楊森軍搏戰而逐之、占重慶、後爲劉湘所據、嗣任吳淞中國公學總務長、

乙酉　　初七 戊子　十七 丁亥
己丑　　二七 丙戌　三七 乙酉
乙酉　　四七 甲申　五七 癸未

乙酉　　六七 壬午
　　　　七七 辛巳

金局同旬、不易多讓、金木俱旺、可謂身煞兩停、以其透財、微嫌身弱、故以行水木運爲佳、乙運能露頭角者卽此、申運官煞雖雜、因貴印照臨、尙佳、癸運尤美、均宜爲文官、壽應在未運之末、

魏益三、字友仁、直隸藁城人、畢業北京陸軍大學、初充軍事教官、後隸張學良部下爲旅長、十四年乙丑冬、從郭松林叛張、以東北國民軍第五軍長、兼砲兵司令守榆關、郭敗投馮玉祥、改編爲國民軍第四軍長、奉軍入關、乃退易州、丙寅春投吳佩孚、進攻馮軍、戰於蔚縣、秋南調禦革命軍、守武勝關、吳敗投革命軍、任第三十軍長、丁卯爲唐生智繳械、其冬唐敗、氏復以舊部攻之有功、已縮編爲第五十四師師長、現任軍事參議院參事、其命爲

丁亥　　初六 辛丑
　　　　十六 庚子

壬寅
乙卯 祿
壬午 長生

歲月合木、近於曲直仁壽之格、官煞不透、以財印爲佳、作政客可主一方、爲軍人徒弃勞不定耳、五行喜水土忌木火、戊戌十年可稱佳運、戌因會火局、故難操實權、此後行運均平常、尚可活動於西北方、

二六 己亥
三六 戊戌
四六 丁酉
五六 丙申
六六 乙未
七六 甲午

張學銘、遼甯海城人、豫鄂皖三省剿匪總司令學良弟、畢業日本陸軍軍官學校、十九年庚午、任天津市長、兼公安局長、辛未去任、其命爲

官 戊申
丁巳 貴人
癸酉

初七 戊午
十七 己未
二七 庚申
三七 辛酉
四七 壬戌
五七 癸亥

甲寅 六七 甲子 七七 乙丑

月帶官貴、親蔭隆盛可知、月主早達、在未運午年、會巳成財局、竟作市長、少年顯貴、在近代實不多見、逢其會也、此後二十年金運、逐有進步、惟期緩耳、

政客

鈕傳善、字元伯、江西九江人、清時以優附貢生、官四川曾任德陽冕甯華陽各縣知事、重慶府知府、雲南麗水府知府、入民國、爲九江關監督、兼贛北觀察使、陝西漢中道觀察使、陝西財政廳、陝西巡按使、四年乙卯爲全國烟酒公賣局督辦、兼財政次長、丁巳罷、其命爲

乙亥 貴人
己卯
丁丑 財庫

初四 戊寅
十四 丁丑
二四 丙子
三四 乙亥
四四 甲戌
五四 癸酉

己酉 貴人　六四 壬申　七四 辛未

全局純陰、天干會爲本庫、財貴集於支宮、均乃顯達之象、惟食神洩氣、爲本命不喜、宜帮身運無疑、乙運已屬不差、亥運官貴並臨、尤主顯貴、至甲化土逢土年、洩氣過深、遂滯晦不振、戌運滯晦、多耗用、有損無益、癸運尚佳、壬申年應主病患、丙子安度後、壽可至壬午、

關賡麟 字穎人、廣東南海人、清光緒甲辰進士、留學日本、歷任財政部秘書、交通部路政司長、及參事、鐵路總局提調、京漢鐵路局會辦、總辦、局長、川粵漢鐵路督辦、北京交通大學校長、平漢鐵路管理局長、國民政府鐵道部參事、著有瀛譚一書、其命爲

庚辰　初十 戊子　二十 己丑

丁亥 祿　三十 庚寅　四十 辛卯

壬寅　　　五十 壬卯
癸卯 貴　　六十 癸巳
　　　　　七十 甲午
　　　　　八十 乙未

月日干支化木、不作水看、支下結東方一氣、成曲直仁壽格、取太歲偏印爲偏官、尙嫌不足、五行利金土無疑、此後行運忌木、辰癸巳運均能安善自守、戊寅己卯之歲、有復出望、足以攬權也、

袁良、　字文欽、浙江杭縣人、淸時留學日本、歸國後、歷任奉天巡警局提調、昌圖府警察總辦、兼交涉員奉天交涉司、總僉事、代理奉天交涉使事、總統府秘書、國務院參事及秘書長、全國水利總裁、國民政府駐日代表、外交部第二司司長、上海特別市政府參事、秘書長、公安局長、北平市長、其命爲

癸未　　　初十 壬戌
癸亥 貴馬　二十 辛酉
　　　　　三十 庚申
　　　　　四十 己未

丁巳　　　　　　　五十 戊午　六十 丁巳
丙午 祿　　　　　　七十 丙辰　八十 乙卯

丁火冬生、以支宮結氣故、秉賦不弱、月干透煞、可取爲用、歲癸並見、美中不足、貴刃相衡、權位必盛、驛馬居提、異域揚聲、此命非僅以市長終也、己未十年、食神制煞、假煞爲權、戊運妒合、雖不及未運、尚能有所就、午運得祿、任偏官、氣象當復振、可當折衝重任、丁運亦不差、巳則欠利、

朱光沐、字秀峯、浙江紹興人、國立北京大學法學士、隨張學良歷任安國軍第三四方軍團部秘書、及軍法處長、東三省保安總司令部、軍衡處長、同澤新民儲才館教育長、東北電信管理處長、辛未去職、嘗在學良幕中、奔走接洽劇匿事務、其命爲

丁酉　　　　　　　初三 乙巳　十三 甲辰

丙午 祿　　二三 癸卯　三三 壬寅
乙亥　　四三 辛丑　五三 庚子
己巳 馬　　六三 己亥　七三 戊戌

日時相衝刃馬、足以宣功業而樹權威、惟多奔勞之苦、五行火木炎燥、須金水潤澤、方足發旺、壬運雖合丁、究能去病、尚不惡、寅運官星當旺、即有職權、難如心願、此後以辛丑爲大利、蓋化而爲財也、

財務官

汪宗洙、　字道源、廣東番禺人、畢業日本大學法律科、入民國、歷任廣東都督府軍政科參事、廣東財政廳秘書、科長、南京定都後、任財政部捲菸統稅處副處長、兼江蘇捲菸煤油稅局局長、江蘇統稅局局長、現任蘇浙皖區統稅局局長、其命爲

癸未 官貴印
己未 官貴印
戊午
己未 官貴印

初三	十三	二三	三三	四三	五三	六三	七三
戊午	丁巳	丙辰	乙卯	甲寅	癸丑	壬子	辛亥

全局火土燥炎殊炕旱、太歲涓滴之水、不足潤澤、以稼穡論格殊宜、所貴者官貴佩印、三見支宮、應一身兼三職、或得三方面權要扶持、地位自易鞏固、況土重者在南方不利、東北均宜、遇木運則當權、遇水運則發富、甲運本不差、以與己妒合故、美中不足、交進寅運、官煞旺而開拓日主、更逢金水流年、財亦生旺、當稅務重權、爲理財名手、著亦宜矣、去年癸酉流年妒合日主、食神制煞官星、應有拂意事、搖動本身、今年甲戌、當脫寅運時、歲暮恐有調動、入癸運可直接掌握財權、較今尤善、惟恐丙子年尅妻損耗耳、丑運滯晦、壬運更佳、

謝 祺、字作楷、廣東新會人、美國麻省理工大學碩士、歷任北京交通傳習所教員、農林部視察員、廣東礦務局局長、廣東電力公司協理、廣東捲菸特稅局局長、國民政府財政部捲烟煤油稅處處長、二十年辛未、任財政部統稅署署長、甲戌辭職、

丙戌
戊戌
己巳
壬申 財 貴人

初二	己亥
十二	庚子
二二	辛丑
三二	壬寅
四二	癸卯
五二	甲辰
六二	乙巳
七二	丙午

火土炎燥結氣稱強、所幸時日合水、透出干頭、雨露頻施、頓成沃壤、故貴人戴財爲本命吉星、顯貴之象也、然行運亦需水木、惟在寅運中、會作三刑、事業既難如意、且主家庭人口不安、入癸運去刦全財、環境於是開展、況金水流年、財

旺掌稅收、裕國庫、可爲得所矣、今年甲戌、因正官化刦、而匏懸、亦如宋財長、化時印似、明年乙亥、驛馬衝座、握重權在遠、恐離近畿、或負使節出國耳、此後除辰運外、均有進展、

鄭　萊、字鎣仙、廣東中山人、美國留學生、歷任香港中國銀行襄理、國民政府財政部煤油特稅處處長、捲烟煤油特稅處處長、捲菸煤油稅處處長、江蘇煤油特稅局局長、現任中央銀行理事、財政部公債司司長、兼航空公路建設獎劵處長、其命爲

己丑
甲戌
戊午
丁巳 殺

一歲 癸酉
十一 壬申
二一 辛未
三一 庚午
四一 己巳
五一 戊辰
六一 丁卯
七一 丙寅

甲已一合、全局火土燥炎、財官薄弱、故其能得清名、廉潔自愛、行已運放出偏官、攬權獨重、惟薄於利、壬申癸酉、因財旺之故、應有建樹、今年甲戌、歲暮或將遷調、此後在火土運中、爲官尙久、獨積資不易、

吳啓鼎、字芑汀、浙江奉化人、歷任江蘇捲菸統稅局副局長、江蘇沙田局局長、漁業事務局局長、浙江烟酒印花稅局局長、甲戌任財政部統稅署署長、其命爲

壬辰
戊申　祿
庚辰
壬午

初八	己酉
十八	庚戌
二八	辛亥
三八	壬子
四八	癸丑
五八	甲寅
六八	乙卯
七八	丙辰

全局純陽、日主魁罡、生於建旺之鄉、秉氣自厚、干頭食神洩氣生財、殊爲有益、

行壬運在金水年、清潔操守、初入佳境、今至子運、會成水局、金水相映、實全其格、更逢木火流年、財官繼旺、遂被超擢、除丙子年、九秋恐有更調外、癸運官階尤顯、丑運滯晦、甲運更能稱盛一時、生平佳運也、

施宗岳、　廣東鶴山人、美國約翰霍金大學經濟學士、哥林比亞大學、政治學博士、歷任中山大學法科教授、兼黨義教師、廣三鐵路管理局局長、湖南省郵務管理局郵務長、稅務總處處長、現任蘇浙皖區統稅局副局長、其命爲

戊戌	甲午旬	初一	己未
戊午	甲寅旬	十一	庚申
辛未	甲子旬	二一	辛酉
庚寅	甲申旬	三一	壬戌
		四一	癸亥
		五一	甲子
		六一	乙丑
		七一	丙寅

八字分占四旬、羅括吉氣、貴人挾拱財庫、官印相生、格局不凡、顯達易見、惟五

行需木、金水非其所好、在酉運得祿而逢木火年、權利自旺、壬運更逢金水年、制官過甚、雖擁虛聲、未獲實益、現在戌運、逢甲戌年、歲運旺官、財亦不弱、已入佳境、明年乙亥、合時動貴、當有良遇、惟丁丑或將遷調遠方、家庭亦難安定、癸運互有起落、亥甲十年、爲生平極盛之時、非今可比、

謝奮程、字英士、廣東人、美國留學生、曾任河北省捲菸煤油稅局局長、湖北捲烟統稅局長、現任湘鄂贛區統稅局局長、其命爲

己亥
癸酉
癸卯 貴人
壬戌 財庫

初九	壬申
十九	辛未
二九	庚午
三九	己巳
四九	戊辰
五九	丁卯
六九	丙寅
七九	乙丑

秋水浩瀚無涯、恃太歲己土、爲堤防之用、支官衝合貴人、吉氣凝聚、內助稱賢、

財集時支、子嗣亦美、已過庚運、正印扶身、尚未大利、交午運後、十五年煞用當權、功名大展、權利皆隆、一鴻千里矣、

金融界

傅宗耀　字筱菴、浙江鎮海人、歷任中國銀行上海監理官、招商輪船總局總理、財政部高等顧問、四明銀行總理、上海總商會會長、上海通商銀行總經理、現爲董事長、其命爲

壬申
壬子　長生
辛亥
癸巳　馬

初三	癸丑
十三	甲寅
二三	乙卯
三三	丙辰
四三	丁巳
五三	戊午
六三	己未
七三	庚申

座下巳亥一衝、損其木火、而成金水雙清之局、命格殊佳、惟洩氣過深、金從水

化不作金看、取火爲財官、故行丙辰丁巳運而大發、戊午己未亦不差、運命相濟、此老可爲獲佳運矣、此後除戊寅不利外、可過耄年、

朱靜安　安徽涇縣人、經營紗花起家、曾創設利泰紗廠、順餘油廠、現爲安徽銀行總經理、其命爲

辛巳　祿
戊戌
丙子
乙未

初一	丁酉
十一	丙申
二一	乙未
三一	甲午
四一	癸巳
五一	壬辰
六一	辛卯
七一	庚寅

丙火秋生、已爲退氣、日主坐子、未免弱身、況土重生財、財旺弱主、結氣非強、頗得力於時干正印、經營木類事業、足以幫身任財、自能發富、甲子十年、火旺任財、獲利豐足、癸與戊化火、亦大有爲、現在壬運逢金水年不利、木火則佳、明年、

乙亥、料其尚可獲瘳也、壬午年在辛運、應防病患、

孫多珏、字章甫、安徽壽縣人、美國康乃爾大學工程學士、歷任吉長、寧湘、滬甯、滬杭甬、株萍等鐵路管理局長交通次長、現任天津中孚銀行總經理、其命爲

壬午
壬寅 長生馬
丙申
乙未

初二	癸卯
十二	甲辰
二二	乙巳
三二	丙午
四二	丁未
五二	戊申
六二	己酉
七二	庚戌

月日衝馬者、出身交通最合、丙火日主者、經營錢業最宜、彼可謂投命所好矣、在火運金水年、必能發旺、現交戊運、生財有道、尚可繼續進展、辛巳年、在申運欠美、

周作民、江蘇淮安人、日本東京帝國大學經濟科肄業、曾任參議院議員、官至財政部庫藏司司長、現任金城銀行總經理、其命爲

甲申
才 丙寅 馬
壬辰
壬寅 馬

初八	十八	二八	三八	四八	五八	六八	七八
丁卯	戊辰	己巳	庚午	辛未	壬申	癸酉	甲戌

歲月食神生偏財、支宮驛馬拱雙貴、是應富而且貴、不僅操金融界之牛耳、命書云、馬奔財鄉、發如猛虎、本命兼而有之矣、財煞並旺、微嫌身弱、行金水運亦佳、惟辛運、壬申癸酉恐有刦耗、此後除辛巳己卯欠利外、餘均大佳、

錢永銘、字新之、浙江吳興人、日本神戶高等商業學校畢業、歷任交通銀行副經理、北京交通銀行總行協理、國民政府財政次長、建設委員會委員、浙江

省政府委員、兼財政廳長、中央銀行理事、授駐法公使、未之任、現在上海四行儲蓄會總理、其命爲

乙酉 財貴
甲申
丙辰
甲午

初八	癸未
十八	壬午
二八	辛巳
三八	庚辰
四八	己卯
五八	戊寅
六八	丁丑
七八	丙子

天干木火通明、支下財官兩旺、經營金融事業、自能發富興家、况歲財得貴、日時拱祿、易得人緣、祿位豐足、掌握財權、綽有餘裕、中年行金土運、財臨旺地、逐漸進展、莫不如意、巳運雖差、以在金土流年、故解劣運、今年甲戌、秋冬戌與申酉結氣、必更獲利、明年乙亥、秋冬能入官階、卯運或開罪於權貴、事稍拂意、戌寅十年、繼續發富、丁運可退避、

張嘉璈、字公權、江蘇寶山人、淸末留學日本、歸爲郵傳部路政員司、民國成立之後、歷任浙江都督府秘書、參議院秘書長、上海中國銀行副行長、財政討論會會員、財政整理會會長、財政善後委員會委員、中國銀行副總裁、現任中國銀行總理、其命爲

己丑
乙亥 馬
癸巳 貴
庚申

初三	甲戌
十三	癸酉
二三	壬申
三三	辛未
四三	庚午
五三	己巳
六三	戊辰
七三	丁卯

拱祿衝馬合貴、吉氣凝聚支宮、固非等閒之命、在辛運於命尚未大佳、過去以未爲最利、所獲應多、現在庚運、壬申癸酉恐難如意、今年甲戌、已入財旺流年、從此有進無退、可獲鉅資矣、

李光啓、浙江鎮海人、英國倫敦大學商科畢業、歷任郵傳部鐵路總局科員、郵政局科員、公債司科員、財政部僉事、中國銀行漢口分行副行長、財政部庫藏司會辦、庫藏司司長、印刷局局長、平市官錢局總辦、幣制局參事、北京中華匯業銀行經理、其命為

庚寅	初四 丙戌	十四 丁亥
乙酉	二四 戊子	三四 己丑
壬子	四四 庚寅	五四 辛卯
庚戌	六四 壬辰	七四 癸巳

金水雙清、以不見火為貴、己丑十年土運、僅旺官星、獲貲不猛、況拱祿坐刃、中年殲及妻宮、此後以寅運為最佳、發富之時、即在此、庚運平善、

萬　齡、字茂之、安徽合肥人、歷任全國經濟調查局顧問、滬口商埠督辦公

署參議、現為上海太平銀行行長、其命為

辛卯
庚子
丙申
己亥

初十	己亥
二十	戊戌
三十	丁酉
四十	丙申
五十	乙未
六十	甲午
七十	癸巳
八十	壬辰

子卯刑於歲月、少年自屬滯晦、財貴臨於時日、晚年富劵可操、財多身弱、宜行火運為佳、在酉申進逢木火年、身財並旺、均可獲益、丙運化辛為水、美中不足、逢壬申癸酉歲、弱身太甚、不免駁雜、申運內以丙子丁丑、秋冬多病、餘均有進益、

富商

虞和德、字洽卿、浙江鎮海人、歷任上海和蘭銀行華經理、上海總商會會長、

淞滬商埠會辦、上海公共租界華人納稅會主席、上海總商會執行委員、現任中央銀行監事、上海公共租界工部局華董、三北輪埠公司總經理、上海證劵物品交易所理事長、其命爲

丁卯
丙午
庚午
印
己卯

初五 乙巳
十五 甲辰
二五 癸卯
三五 壬寅
四五 辛丑
五五 庚子
六五 乙亥
七五 戊戌

支宮貴人佩印、財官媲美、吉氣呈祥、仁慈易見、惟干頭官煞雜透、少年駁雜困頓、拂意良多、尤以身衰、美中不足、故經營金水類事業、足以致富、木火非宜、自三十四歲壬運以後、行金水强身之運、於是專業振興、逐步發富矣、辛丑庚十五年、爲生平最盛之時、子運欠美、現在己運、印用健强、老而益壯、晚福殊隆、如

丙子歲無礙、壽可至戌、

王　震、字一亭、浙江吳興人、現任國民政府賑務委員會委員、導淮委員會委員、上海大達輪船公司經理、日清汽船會社華經理、上海麵粉交易所理事長、其命爲

丁卯
辛亥
戊午
才 壬戌

初九	庚戌
十九	己酉
二九	戊申
三九	丁未
四九	丙午
五九	乙巳
六九	甲辰
七九	癸卯

本造以時上偏財論格、而以偏印相征爲病、亥卯暗邀貴人、午戌暗邀長生、均爲吉利、五行最需得水、其經營舟車專業、自能與命相合、而易成功、火土殊非利、丁丙運本佳、以其與壬辛化財官故、反以爲美、現在已運未利、以前多金水

流年，稍削其勢，今年甲戌，應自珍攝，此後除丙子外，平善，

榮德生　字樂農，江蘇無錫人，與兄宗敬，以經營紗花麥粉起家，現無錫新申紗廠第三廠，茂新麵粉廠一廠二廠，均其創設，以紳士家居無錫，嘗興辦慈善事業，爲當地人士所稱道，其命爲

乙亥
癸未　貴人
戊戌
丙辰　財庫

初十	壬午
二十	辛巳
三十	庚辰
四十	己卯
五十	戊寅
六十	丁丑
七十	丙子
八十	乙亥

主得三墓，苟非戊癸相化，幾以稼穡論格，全局秀氣所鍾，其在太歲官星，爲疏發之用，雖少壯清貧，而在辰卯運中，必能以經營木類事業而致富，明年乙亥，尤主獲利，且日主合財，親庭無力，時支衝庫，子孫濟美，晚年行強身之運，亦心

安體泰、

鄔志豪　浙江鄞縣人、以業估衣起家、今上海之天福綢緞局、上海國貨公司、均其手創、現任甯波實業銀行總經理、其命爲

甲申
丙寅　祿馬
甲申
壬申　備印

初十丁卯
二十戊辰
三十己巳
四十庚午
五十辛未
六十壬申
七十癸酉
八十甲戌

全局純陽、身財並旺、兼之祿馬同鄉、此應發富也、生平辛未運最佳、十年之中、獲利最鉅、現在壬運、亦能繼美、除申運辛巳年不利外、壽亦悠久、

奚光華　字萼衘、江蘇江陰人、以業顏料起家、所創事業、有瑞潤顏料號、光華電機廠、利生、厚生紗廠、道一銀行等、其命爲

甲申
辛未
丁丑　財庫
甲辰

初五　壬申
十五　癸酉
二五　甲戌
三五　乙亥
四五　丙子
五五　丁丑
六五　戊寅
七五　己卯

八字分占四旬，羅括吉氣，日座衝開財庫，財用無窮，木火旺而身強，喜財官為護衛，乙運雖差，所幸經過土金流年，身財兩旺，為發富之始，亥運官貴照臨，發旺尤速，丙運化辛，其權尤可展，子運逢金年亦不惡，本年甲戌，所獲甚微，此後丙子丁丑兩年，春夏應防耗財，餘至丑運均佳，

程源銓　字霖生，安徽歙縣人，其先人謹軒，以業地產起家，霖生曾任參議院議員，蚌埠商埠督辦，其命為

丙戌

初八　甲午
十八　乙未

癸巳
乙亥
癸未

二八 丙申
三八 丁酉
四八 戊戌
五八 己亥
六八 庚子
七八 辛丑

夏木當旺、更有亥未幫身、兩癸滋養、似應以强身論、惟乙木陰柔、火旺則焚身、金水旺則漂流、以土運爲最利、木則次之、本命丁酉十年均尅身太過、苟不病身、亦應損財、經營事業、利土不利金水、乃顯而易見者、所幸此後尚有十五年財運、苟經營土木事業、可收鉅利、

曹恩藻、 字夢魚、安徽休甯人、淸時其祖曾爲官西南、稍獲貲、及其父、在江蘇泰縣經營錢業、因而起家、恩藻曾肄業南京東南大學、曾爲江蘇興業銀行秘書、駱駝畫報主編、現爲華達藥行總經理、其命爲

食 癸卯 貴人

初七 癸丑
十七 壬子

財 甲寅
辛巳
戊子 長生

二七 辛亥
三七 庚戌
四七 己酉
五七 戊申
六七 丁未
七七 丙午

干頭食神生財、歲月支宮財亦不弱、親蔭隆盛、應主多貲、爲人幹練有爲、風流邁衆、惟寅巳相刑、心身不安、多動少靜、美中未足、此後行運尙佳、除明年乙亥有礙慈親、庚運防及嚴父、中年可獲鉅貲、

文人

章炳麟、字枚叔、號太炎、浙江餘杭人、淸時傾向革命、歷任同盟會民報、大共和日報總編輯、鼓吹革命甚力、民國成立、爲統一黨總裁、總統府顧問、東三省籌邊使、著有章氏叢書數十種、其命爲

戊辰

初九 丙寅
十九 丁卯

定命錄　下編　三二一

乙丑　　二九　戊辰
癸卯　貴人　三九　己巳
　　　四九　庚午
　　　五九　辛未
庚申　　六九　壬申
　　　七九　癸酉

四干遙合，五行雜亂，豪放不羈，崛強寡合，日座文昌帶貴，印食透而得祿，文章觀絕當時，才華超乎一代，惜乎官煞相雜，不克以展長才，食印透生，終難取爲大用，己巳運初則官煞相雜，繼則化貴爲刃，十年之中，因繫六載，晚年行金水運，老當益壯，安度天年，

袁思亮，字伯夔，湖南湘潭人，清光緒癸卯科舉人，歷任農工商部郎中，兼參議，上行走，工商部秘書，國務院秘書，印鑄局局長，精古文學，嘗爲人撰碑銘傳記，有名於時，其命爲

辛巳　　初七　癸巳
　　　十七　壬辰

甲午
丙申
食 戊戌

二七 辛卯
三七 庚寅
四七 己丑
五七 戊子
六七 丁亥
七七 丙戌

甲丙戊會天上長生、透食印而享文名、亦若章氏、惟不及其放縱悠遠耳、行運除庚丑外多滯晦、蓋土運洩氣耗才思也、子運潤澤全局、當能保善狀、丁運戌寅辛巳兩年均不利心身、至應留意、

胡 適　字適之、安徽績溪人、美國哥倫比亞大學哲學博士、歷任北京大學哲學教授、英文學系主任及教務長、努力週報總編輯、英國庚款委員、上海光華大學教授、吳淞中國公學校長、兼文理學院院長、現任中華文化教育基金委員會董事、兼編輯委員會委員長、著有中國古代哲學史、白話文學史、中國哲學史大綱、胡適文存等書、其命爲

辛卯
庚子
丁丑 財庫
丁未

初四	己亥
十四	戊戌
二四	丁酉
三四	丙申
四四	乙未
五四	甲午
六四	癸巳
七四	壬辰

全局羅四旬旺氣、支宮刑衝化合、搖動特甚、思想由是而出、文才非常人所能及也、惟財旺而身亦不衰、木運尚可、火運良非所喜、丙運因化辛爲水故、透偏官而顯頭角、至申運財官當時、環境爲之開展、經濟亦裕、現交乙運、在木火年中、僅能維持盛譽、而戊寅己卯以後、可入政途、此後亦均利達、

逸才

林學衡、字衆難、又字庚白、福建閩侯人、才思縱逸、情致豪放、洞澈中國政情、精於五行學理、奔走南北、嘗爲達官顯貴評論造命、有聲於時、曾任交通部參

事、現爲外交部條約委員會委員、著有人鑑一書、風行於時、其命爲

甲午 祿
戊辰
丁酉 貴人長生文昌
庚戌

初四	己巳
十四	庚午
二四	辛未
三四	壬申
四四	癸酉
五四	甲戌
六四	乙亥
七四	丙子

日主雖間三奇、自臨生貴、格局超逸不品、才華顯而易見、惟金土洩氣過甚、結構非強、經金水旺鄉、自難騰達、以前除午運外、可謂無佳運、現在申運、逢木火年、身強足以任財官、除丙子外均利達、癸運化戊爲火、助日生光、燭照千里、權利最隆、酉甲十年、亦能繼美、

李家煌、字駿孫、別號敘光、安徽合肥人、已故國務總理經羲長孫、曾肄業震旦大學、篤佛學、多才藝、心性閒雅、志慮清高、精古文學、尤工於詩、嘗遊國內山

川名勝、採擇詩材、著有始奏集、其命為

戊戌
己未
丙子
庚寅　偏印

初十	庚申
二十	辛酉
三十	壬戌
四十	癸亥
五十	甲子
六十	乙丑
七十	丙寅
八十	丁卯

丙火雖誕炎夏、以歲月土重洩氣過深、秉賦殊弱、所幸戊寅暗邀午刃、子未合衝、見不見之形、尤為特異、其能超羣逸類、蓋在於此、日時拱財庫、頤養亦豐、四十以前行運弱身、不足振作、癸運化戊為火、日用生光、體健身強、動定有益、亥甲十年、亦頗不惡、

李　煒、字榴孫、別號芋龕、安徽合肥人、已故國務總理經羲次孫、曾肄業聖約翰學校、才大心細、好學多思、工古文學、並精命理、現任湘鄂贛區統稅局秘

書其命爲

甲辰
戊辰
戊戌
煞甲寅 長生

初一	己巳
十一	庚午
二一	辛未
三一	壬申
四一	癸酉
五一	甲戌
六一	乙亥
七一	丙子

身煞兩停成格、足以假煞爲權、有作爲能顯貴也、惟行運經金水之鄉、僅能充裕經濟、此後十五年均佳、本歲甲戌、應獲重任、而最盛之時、應在甲運也、

律師

章士釗、字行嚴、湖南長沙人、初肄業日本正則英語學校、旋留學英國、畢業於英梯巴拿大學、歷任上海民立報編輯、浙江教育司長、甲寅雜誌主編、肇慶軍務院秘書長、國立北京大學教授、北京農業大學校長、司法總長、教育總長、

乙丑十一月爲鎗殺學生案下野、後任瀋陽東北大學教授、現在上海執行律師職務、其命爲

辛巳 貴	初六 庚寅	十六 己丑	二六 戊子
辛卯 貴	三六 丁亥	四六 丙戌	五六 乙酉
癸丑	六六 甲申	七六 癸未	
乙丑			

干頭偏印生身、支宮生貴並臨、格局不凡、八字純陰、五行不雜、清高可貴、祇以官煞不透、財氣亦微、難得實權、偉能從學識謀出路、蓋食神見貴、能以文章知名也、行運頗平凡、此後以乙運爲最佳、生財有道、餘無可取、

鄂森、字呂弓、江蘇泰縣人、畢業東吳大學、留學美國、得學士學位、歸國後、在上海執行律師職務、其命爲

壬寅
庚戌
己卯
戊辰

初六	辛亥
十六	壬子
二六	癸丑
三六	甲寅
四六	乙卯
五六	丙辰
六六	丁巳
七六	戊午

九秋誕土、正當旺令、支宮煞印相生、更可強身而任官煞、歲月干頭食神生財、可以疏發其氣、英姿卓絕、忠信可嘉、置身律界、自可稱爲幹才、尙入政途、且應當夫重任、而況土重者、宜行水木之鄉、自癸運以後、即入佳境、現丑運墓庫中、僅能爲社會服務、甲戌乙亥歲均佳、此後二十年木運、開發日主、權重利渥、逐步進展、可當大任、

名伶

梅蘭芳　名瀾、字畹華、江蘇泰州人、世居京師、祖巧玲、清咸同間名伶、掌四喜

部、在伶界頗有義聲、父竹芬、亦善崑曲早逝、蘭芳幼孤、其伯雨田撫養之、雨田擅絃索、尤精胡琴、蘭芳七歲學曲、十一歲登場、雅合青衣節奏、豐姿美豔、稍長色藝俱進、宣統末舉之者已衆、民國三年、藝乃大進、後得樊增祥李寶甫之青睞、爲別製古裝新曲、如天女散花、虞姬、西施之類、皆能獨抒心得、別出新聲、令顧曲家蕩氣迴腸、不能自已、曾一度東遊日本、繼遊美洲、彼都人士、空巷爭看、西報揄揚、亦備至、近居上海、嘗出演於大舞台、其命爲

甲午 祿　　初六 乙亥　十六 丙子
甲戌　　二六 丁丑　三六 戊寅
丁酉 文昌　　四六 己卯　五六 庚辰
癸卯　　六六 辛巳　七六 壬午

印旺身強、有木火通明之象、時煞自臨長生、名聲揚溢、文昌居於日座、藝術高

超、午戌相刼、消費頗繁、卯酉相衝、勞動特甚、五行需乎金水、在子運煞用旺、而露頭角、丁運雖未大佳、以逢金水流年、聲譽鵲起、獲資殊鉅、丑運爲財庫、更可積資、戊運較前遜色、現交寅運、會戌火局、更在木火年、雖能維持盛譽、然進益少耗用多、未能十分得意、且應愼於投資、此後惟庚運大佳、餘均平善、

荀慧生、　河北人、初名白牡丹、改今名、聲譽乃著、爲伶界四名旦之一、其名僅次於梅蘭芳、能戲甚多、最著者、有丹青引、釵頭鳳、得意緣、還珠吟等劇、其命爲

己亥	初十 乙亥 二十 甲戌
丙子	三十 癸酉 四十 壬申
戊寅	五十 辛未 六十 庚午
乙卯	七十 己巳 八十 庚午

日主自占長生、更得火土生助、結氣不弱、時上透官、可取爲用、亦同於梅蘭芳、

所異者四柱順拱貴人、暗藏吉氣、能得人緣、歲月支宮財亦建旺、自能富於貲、甲運官煞相雜、勞而無功、戌運逢水乃稍利、至癸運則大佳、聲譽最盛、現交酉運、衡時主動、或將走他方獻藝、惟今年甲戌、恐與人發生糾紛、不及乙亥歲矣、自四十歲後、十五年財運、經營商業、可獲鉅貲、

王芸芳　江蘇金壇人、父早沒、其祖官山東、祖死遭兵亂、與母離散、展轉得救、而入南京戲劇傳習所、習旦角、畢業後來滬、嘗出演於天蟾舞臺、能漸舊戲甚多、其命爲

甲辰	財庫
癸酉	
甲寅	祿
庚午	

初八	甲戌
十八	乙亥
二八	丙子
三八	丁丑
四八	戊寅
五八	己卯
六八	庚辰
七八	辛巳

日主臨祿、干頭得印比扶身、質地不弱、時干偏官透出四干、頗與梅荀相同、惟五行稍嫌雜亂耳、辰酉合金尅主、親應無可取、日祿扶身、妻室可稱賢、現在丙進、不及亥運爲佳、子運後方利、晚年均財運、可多發、總之彼輩能邀盛譽者、均特時干官煞耳、

國醫

郭岱雲、名成澤、安徽歙縣人、初畢業江南蠶桑學校、嗣從師習醫、精內外科、民國初年、歷充陸軍部軍醫院總務科長、南京普育醫院中醫主任、嗣來滬業醫、現設診所於法租界霞飛路寶康里、其命爲

甲申 貴人
戊辰
乙酉

初十	己巳
二十	庚午
三十	辛未
四十	壬申
五十	癸酉
六十	甲戌

甲申 貴人

七十 乙亥
八十 丙子

雖屬身財兩旺、而比劫重、非爲所喜、貴人拱於兩支、人緣易得、惟暮春乙木、倘有生氣、行醫殊宜、惟財運甚少、所獲不敷所需、此後癸運五年、尚可振作、

袁季山、名爾瑛、安徽合肥人、三代世醫、有名於本邑、季山承家學、精內外科、現得同鄉邀請、來滬應診、設診所於法租界呂班路蒲柏坊、其命爲

辛丑 貴人
甲午
戊午
庚申 爲

初二 癸巳
十二 壬辰
二二 辛卯
三二 庚寅
二四 己丑
五二 戊子
六二 丁亥
七二 丙戌

天干會作三奇、支宮驛馬拱貴、身強煞淺、能操權威、非良相、誠良醫也、惜行運之水鄉、此後以寅運最能得意、

星命堪輿家

榮栢雲、別號懺悔學人、江蘇無錫人、以經營農產物爲業、創設三樂農產社於上海、自爲經理、精堪輿之學、嘗往來於江南一帶、爲人相陰陽宅、有名於時、著有二宅實驗一書、其命爲

乙未
己丑
壬申 長生
己酉

初六	戊子
十六	丁亥
二六	丙戌
三六	乙酉
四六	甲申
五六	癸未
六六	壬未
七六	辛巳

八字分旬、羅括四氣、丑未衝動、勞碌奔波、申酉半金、懷才樂道、兩官挾主、善爲人謀、獨食透干、易爲人累、所幸食神制官、以解其困、正印生主、以扶其危、衣祿無虧、養生有術矣、行運優劣相間、酉申均佳、惟名高利薄、

韋千里、 已故星卜家遯道人子、浙江諸暨人、畢業於上海澄衷中學、庚午其父逝世後、卽設硯問世、時年僅弱冠、停車垂問者、頗不乏人、近年學益精進、曾發行命理約言一書、有名於時、其命爲

辛亥
辛卯
庚子
庚辰

初九	庚寅
十九	己丑
二九	戊子
三九	丁亥
四九	丙戌
五九	乙酉
六九	甲申
七九	癸未

天元一氣、陰陽平分、地支半局、水木雙秀、固有超人之姿、特異之學也、惜乎五行缺火、鑄煉未遑、有其才未濟其用、美中不足、行運以木火爲最佳、餘均遜色、

壽者

李靑雲、 民國十七年六月二日、申報自由談載、士弘君『二百五十歲老人

之證明』一稿、蓋五月六日申報、已轉譯字林西報、敘其事、而士弘君更為之證明也、略謂貴州人李青雲者、居四川之開縣、生平以採藥為事、遍歷蒙滿回藏各區、現年二百五十歲矣、彼終日無事、喜作紙牌戲、善相術、不取值、儲丹藥甚多、施諸貧者、頗有奇驗云、余甚奇之、因函南京保大街二十五號士弘君、詢問老人之命造、士弘復函、僅告老人住址所在、蓋不知其造命也、乃按其址、直接致書四川開縣陳家場、鯉魚洞李青雲老人、月餘復音至、雖不盡通順、辭甚謙、是否自書、不得知、自言生於清康熙十七年八月十四日亥時、而而查譯其年命、為

煞 戊午
印 辛酉
壬午

二百零四歲 壬午
十四 癸未
二四 甲申
三四 乙酉
四四 丙戌
五四 丁亥

六四 戊子
七四 己丑

己酉

順行運至寒露、九日又四時、扣三歲四十天、逢辛丙年寒露後交換、八字了無所異、惟干頭煞印相生、元氣充足、應可延年、而行運干支經過兩週、以其不接近人事、無分優劣、蓋其已超脫五行之外、不受命運操縱矣、惟癸酉秋、申報載老人溘逝、余甚惜之、蓋享年二百六十一歲、誠現代稀有之長壽者、

介紹語

駝齋先生研究命學有年凡過去未來事經其評論者無不奇中而以五行論課占斷人事尤應驗如神方今人事日繁政爭未已商戰尤烈夫徘徊歧路不善經營致遭折挫未能自拔者如聽指示一言必能立挽頹局此社會所共知互相稱譽者也非特僅此本社之成立先生爲提倡最力之人十年來慘淡經營其志不衰主持研究所事本社所發命書經其手批者幾近千件對於命學發微抉奥闡明尤多本社能有今日之成績先生之功也故特爲之介紹焉

命學社啟

民國二十三年十月出版
（定命錄一册）
（每册定價一元）
（外埠加郵費一成）

編著者 張一蟠
校訂者 查一輪
發行者 命學社 上海新重慶路咸益里
承印者 倉頡印務公司 上海南成都路一四一號 電話 三四七二〇

占筮類			
1	擲地金聲搜精秘訣	心一堂編	沈氏研易樓藏稀見易占秘鈔本
2	卜易拆字秘傳百日通	心一堂編	
3	易占陽宅六十四卦秘斷	心一堂編	火珠林占陽宅風水秘鈔本
星命類			
4	斗數宣微	【民國】王裁珊	民初最重要斗數著述之一；未刪改本
5	斗數觀測錄	【民國】王裁珊	失傳民初斗數重要著作
6	《地星會源》《斗數綱要》合刊	心一堂編	失傳的第三種飛星斗數
7	《斗數秘鈔》《紫微斗數之捷徑》合刊	心一堂編	珍稀「紫微斗數」舊鈔秘本
8	斗數演例	心一堂編	
9	紫微斗數全書（清初刻原本）	題【宋】陳希夷	斗數全書本來面目；有別於錯誤極多的坊本
10－12	鐵板神數（清刻足本）——附秘鈔密碼表	題【宋】邵雍	無錯漏原版秘鈔密碼表　首次公開！
13－15	蠢子數纏度	題【宋】邵雍	蠢子數連密碼表打破數百年秘傳　首次公開！
16－19	皇極數	題【宋】邵雍	清鈔孤本附起例及完整密碼表研究神數必讀！
20－21	邵夫子先天神數	題【宋】邵雍	附手鈔密碼表研究神數必讀！
22	八刻分經定數（密碼表）	題【宋】邵雍	皇極數另一版本；附手鈔密碼表
23	新命理探原	【民國】袁樹珊	子平命理必讀教科書！
24－25	袁氏命譜	【民國】袁樹珊	
26	韋氏命學講義	【民國】韋千里	民初二大命理家南袁北韋
27	千里命稿	【民國】韋千里	北韋之命理經典
28	精選命理約言	【民國】韋千里	
29	滴天髓闡微——附李雨田命理初學捷徑	【民國】袁樹珊、李雨田	命理經典未刪改足本
30	段氏白話命學綱要	【民國】段方	民初命理經典最淺白易懂
31	命理用神精華	【民國】王心田	學命理者之寶鏡

32	命學探驪集	【民國】張巢雲	發前人所未發　稀見民初子平命理著作
33	澹園命談	【民國】高澹園	
34	算命一讀通——鴻福齊天	【民國】不空居士、覺先居士合纂	
35	子平玄理	【民國】施惕君	
36	星命風水秘傳百日通	心一堂編	
37	命理大四字金前定	題【晉】鬼谷子王詡	源自元代算命術
38	命理斷語義理源深	心一堂編	稀見清代批命斷語及活套
39-40	文武星案	【明】陸位	失傳四百年《張果星宗》姊妹篇　千多星盤命例　研究命學必備
相術類			
41	新相人學講義	【民國】楊叔和	失傳民初白話文相術書
42	手相學淺說	【民國】黃龍	民初中西結合手相學經典
43	大清相法	心一堂編	重現失傳經典相書
44	相法易知	心一堂編	
45	相法秘傳百日通	心一堂編	
堪輿類			
46	靈城精義箋	【清】沈竹礽	沈氏玄空遺珍　玄空風水必讀
47	地理辨正抉要	【清】沈竹礽	
48	《玄空古義四種通釋》《地理疑義答問》合刊	沈瓞民	
49	《沈氏玄空吹虀室雜存》《玄空捷訣》合刊	【民國】申聽禪	
50	漢鏡齋堪輿小識	【民國】查國珍、沈瓞民	
51	堪輿一覽	【清】孫竹田	失傳已久的無常派玄空經典
52	章仲山挨星秘訣（修定版）	【清】章仲山	章仲山無常派玄空珍秘　門內秘本首次公開　沈竹礽等大師尋覓一生末得之珍本！
53	臨穴指南	【清】章仲山	
54	章仲山宅案附無常派玄空秘要	心一堂編	
55	地理辨正補	【清】朱小鶴	玄空六派蘇州派代表作
56	陽宅覺元氏新書	【清】元祝垚	簡易・有效・神驗之玄空陽宅法
57	地學鐵骨秘　附　吳師青藏命理大易數	【民國】吳師青	釋玄空廣東派地學之秘
58-61	四秘全書十二種（清刻原本）	【清】尹一勺	玄空湘楚派經典本來面目　有別於錯誤極多的坊本